実践練習で合格を勝ち取る!!

筑波大学附属小学校

新 お話の記憶 攻略問題集

★実際に出題された「お話の記憶」を過去問題から20問厳選。

★「学習のステップ」で、効果的に聞く力が身に付く!

日本学習図書株式会社

http://www.nichigaku.jp

㊋新 筑波大学附属小学校 お話の記憶 攻略問題集

〈はじめに〉

当校の入学試験は特徴がはっきりしており、**「お話の記憶、図形、工作・巧緻性、運動」**の４分野が、例年、出題されています。出題分野としては、けっして広いものではありません。このことは、個々の分野に集中した対策を行いやすく、平均点が高くなるということを意味しています。つまり、確実性が求められる試験なのです。

当校のお話の記憶については、**「長い」「難しい」**といったイメージがすぐに浮かぶことと思います。そして、やっかいなことにお話の記憶は一朝一夕で実力がつく分野ではありません。**お話の記憶を解くには、「記憶力」「理解力」「語彙力」「想像力」「集中力」などの力が必要**となります。日々の読み聞かせはもちろん、幅広い分野の学習の積み重ねによって、少しずつ解けるようになるものです。

本書は、筑波大学附属小学校で過去に出題されたお話の記憶の問題を20問厳選し、どなたでも簡単に、できるだけ多くの過去問題に取り組めるよう作成いたしました。入学試験までの限られた時間、お子さまの実力に合わせた中身の濃い学習を行い、実力アップを図りましょう。

冒頭ではお子さまの状況に合わせた**学習のステップ**を紹介しています。お話の記憶をどう教えたらよいかが分からない、という方でも安心して学習指導ができるてびきとなるものです。ぜひご活用頂き、お子さまのよき指導者となってください。小学校受験はお子さま１人で行うものではありません。保護者の方とお子さまの二人三脚で合格をつかみましょう。

本書が合格への一助となりますことを祈念申し上げます。

〈本書ご使用方法〉

◆出題者は出題前に一度問題に目を通し、出題内容などを把握した上で、〈 準 備 〉の欄に表記してあるものを用意してから始めてください。

◆答えを書く際は、〈 準 備 〉の欄で指定されている色のクーピーペンを使用してください。

◆設問本文の「お話」を聞かせた後、絵の頁を渡して、各問題を読み上げてください。

◆一部、解答が省略されているものがあります。お子さまの答えが成り立つか、出題者が各自でご判断ください。

◆〈 時 間 〉につきましては、目安とお考えください。

〈本書ご使用にあたっての注意点〉

◆文中に**この問題の絵は縦に使用してください。**と記載してある問題の絵は縦にしてお使いください。

◆本書には朗読CDが付いています。CD再生機器をご用意していただき、各問題ごとに記載してある「TRACKナンバー」を再生してください。

筑波大学附属小学校の傾向をつかむ！

《保護者》

傾向をつかむために、まず、お話の記憶の問題文と設問を全て読んでください。いくつかのお話を連続して読むことで、特徴をつかむことができます。当校では、お子さまの体験を大事にしています。お話の中に季節や植物など常識分野の要素を盛り込んだ問題が多く見られますが、経験したことのある内容がお話の中に出てくると、親近感を覚え、イメージしやすくなります。お話を聞き取る練習だけでなく、常識分野の知識を学んだり、体験的な学びを数多くこなしたりするように工夫してください。

《お子さま》

まず、お話の内容を把握することが大切です。そのために、設定時間にとらわれず、全ての問題を解くことから始めてみましょう。登場人物の多さ、お話の長さ、複雑さ、内容などを知ることで、今後の目安にもなります。
また、当校は、解答時にクーピーペンの色の指定があります。正答がどれかわかることだけではなく、指示通りの正しい解答方法で答えることにも気を付けてください。

この対策は間違い！

当校の入学試験は、男女別に、それぞれ生まれ月によって３つのグループに分けて実施されます。しかし、男女によって、各グループによって、傾向の違うということはありません。当校が求めている要素（力）は、全てのグループの問題を解くことで、より明確に把握することができます。過去の問題を見ると、グループ・年次に関わらず、同じ傾向の問題が何度も出題されています。すべてのグループの問題を万遍なく経験しておくことが、最善の対策となります。

学習のステップ

以下の５つの項目で学習指導のアドバイスをまとめましたので、ご参考ください。

１．聞く力をつける

２．イメージ化する

３．あらすじを説明する

４．問題を解く様子を見る

５．答え合わせを工夫する

1 聞く力をつける

まず何より大切な、お話を「集中して聞く力」を身に付けましょう。お話の記憶が苦手だというお子さまには、この「集中して聞く」力が身に付いていないことがあります。正しい姿勢で静かに聞いているように見えて、実は他のことを考えてしまっているといったケースもあります。以下、ステップ１とステップ２を行い、確認してみてください。

ステップ1　絵本の絵を見せながら読み聞かせを行います。

【　目　的　】お話に興味を持たせる。

【アドバイス】①お話の感想を話させる。
②具体的な質問をすることで、内容の確認をする。
③最初は短いお話からはじめ、徐々に長いお話に取り組む。

ステップ2　絵本の絵を見せないで読み聞かせを行います。

【　目　的　】視覚イメージに頼らず、耳だけでお話を聞く習慣をつける。

【アドバイス】①お話の感想を話させる。
②具体的な質問をすることで、内容の確認をする。
③お話の場面を想像した絵を描かせる。
④身近な話題の内容から、ファンタジー系の内容にお話を変えていく。

知っておこう１　～お話を読むスピード～

お話を読むスピードは、「原稿用紙１枚（400字）を１分程度」、というのが一般的です。同じお話でも、読み上げるスピードが早くなると、その分、難易度も上がります。最初はお子さまに合ったスピードからはじめましょう。

2 イメージ化する

お話の記憶の対策として、「聞いたお話を頭の中でイメージ化する」という方法が挙げられますが、どのように指導したらよいのでしょうか。「イメージ化」を子どもに対して言葉で説明することは難しいので、体験を通して理解させるようにしましょう。

身近な生活体験を利用してイメージ化のトレーニングをしましょう。

【学習方法】

（例）昨日の朝、目が覚めたときのことを思い出してください。
自分１人で起きましたか、それとも起こされましたか？
起きたら、最初に何をしましたか？
その次には何をしましたか？思い出してください。
…と、行動を順を追って思い出してみましょう。

この質問をしている最中、お子さまは昨日の朝の様子を、頭にイメージして答えていることでしょう。質問をした後に、「今のように、聞いたお話を頭の中で思い出すんだよ」と一声かけてから、読み聞かせや問題を始めると、イメージ化を意識してお話を聞くことができます。イメージ化が出来たときは、お子さまが自信がつくようにほめてあげましょう。上手にできない時は、「目をつぶって思い出してみよう」と声をかけてください。その他には、「お話を聞きながら、頭の中で絵本のように絵をつくってごらん」という言葉がけをするのも効果的です。

【 発 展 】

このイメージ化をより向上させる方法は、

①読み聞かせをしているお話を途中で止め、そこまでの内容を聞き取る。
②お話の場面をイメージさせたら、絵に描かせてみる。
③絵を参考に、お話の続きや創作させたり、細かい描写を考えさせたりする。

などがあります。

知っておこう２ ～読み聞かせのポイント～

①お子さまのレベルにあった内容、長さの本を選ぶ。
②お話を集中して聞くことが苦手なお子さまに対しては、お子さまが知っている内容から始める。
③内容が偏り過ぎないように、さまざまなお話を選ぶ。
④お話の記憶に視覚は妨げとなるので、慣れてきたら、絵や写真は見せないようにする。
⑤聞くことへの興味を引き、場面のイメージがしやすくなるように、抑揚を付けながら読み聞かせる。入試が近くなってきたら、あまり抑揚をつけずに、一定のスピードで読む。

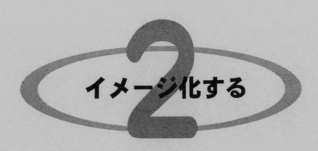

3 あらすじを説明する

保護者の方が読み聞かせをしてお子さまが聞く、という受動的な学習から、聞いたお話に対してお子さまに何らかの積極的なアクションを起こさせる学習へ移します。以下の、ステップ1からステップ3を通して能動的にお話を聞く姿勢を身に付けましょう。

ステップ1

お話を最後まで読みます。その後、お子さまに今読んだお話のあらすじを話してもらいます。

◎で　き　た…問題ありません。ステップ2に進みましょう。
○まあまあできた…読み聞かせに重点をおきつつ、簡単な問題から取り組みましょう。

【お薦め】
「1話7分の読み聞かせお話集 入試実践編」
☞少し難しいお話に慣れ、実践のトレーニングをましょう。

△できなかった…お話の聞き方を指導すると共に、読み聞かせを十分行いましょう。

【お薦め】
「1話5分の読み聞かせお話集①②」
☞わかりやすいお話から始め、イメージ化のトレーニングをしましょう。

ステップ2

お話を最後まで読みます。その後、中程の適当な箇所を読みます。お子さまには、今読んだお話の続きを聞き取ります。

◎で　き　た…問題ありません。ステップ3に進みましょう。
○まあまあできた…記憶力、イメージ化が十分ではありません。更に読み聞かせを続けましょう。
△できなかった…記憶力、イメージ化が十分ではありません。有名なお話、よく知っているお話でトレーニングをし、自信をつけさせましょう。

ステップ3

お話を最後まで読みます。その後、中程の適当な箇所、2カ所を読みます。お子さまには、今、読んだ2カ所の前後のあらすじを話してもらいます。

◎で　き　た…記憶力は十分に身に付いています。後は問題をこなすのみです。
○まあまあできた…ここまで来ればもう一息。短いお話などを用いて、自信を付けるように心掛けてください。
△できなかった…お話の記憶を解く上で基本的な力は身に付いています。後は焦らず、読み聞かせをコツコツと行いましょう。

知っておこう3

当校の入学試験では、学校が創作した検査用のお話を出題することがほとんどです。お話を聞くことへの「好奇心」「姿勢」を育てることが対策の柱であることを認識しておきましょう。

4 問題を解く様子を見る

どれくらいの量を（何問）学習すれば力がつくのか、お子さまがお話の記憶に苦手意識を持っているなど、保護者の方の悩みは多いでしょう。
お子さまの力を伸ばすには、保護者の方がお子さまの力を把握することが大切です。さまざまな項目ごとに、「できることを増やす段階」「できることを、いつでもできるようにする段階」「できないことをなくす段階」と分けて把握すると、お子さまの状態に最適な練習をすることができます。そのためにも、お子さまが問題を解く様子をよく見て、解答用紙からではわからないお子さまの理解度を把握してください。

ここでは、お子さまの現状を把握する方法と、学習方法をご紹介しますのでご参考ください。

☆観察！　子どもの様子や現状を知ろう。☆

まず、問題に取り組んでいる時のお子さまの様子をよく観察しましょう。お話を上手く聞き取れていたところと聞き取れていなかったところで、表情が違っていたり、首を傾げたり、鉛筆をいじり始めたりしていませんでしたか。質問に答える時に、素早く手を動かしている時と、時間をかけて思い出している時がありませんでしたか。様子が変わってきたときに何に取り組んでいたのかを、解き終わった後に確認すると良いでしょう。また、お子さまの解答用紙をご覧ください。そして各問題の解答記号に注目してください。自信のある問題（解答）の場合には、活き活きとした解答記号が書いてあると思います。逆に、自信のない問題（解答）の場合には、何となく自信がない記号（線）になっているのではないでしょうか。線や記号の描き方でお子さまの心理状況を推測することもできます。ただ正解、不正解を確認するだけでなく、お子さまの様子や解答用紙から、多くのこと知ることができます。

☆量プラス質！　内容の濃い学習を行い実力を付けよう☆

この分野の学習は、一朝一夕には実力がつきません。積木を積むように、コツコツと努力を重ねていく方法しかありません。しかし、ただ積めばよいというわけではありません。どのように積めば倒れずに高く積み上げることができるのか、考える必要があります。この学習のステップをご参考にやみくもではない、効果的な学習を心がけましょう。

知っておこう4

当校のお話の記憶では、お話が長く、登場人物が多く、複雑な問題が出題される傾向にあります。また、理科的分野や数量などが盛り込まれることも特徴の1つです。聞き取る力はもちろん、生活体験の有無や多少によっても、解きやすさに違いが出ます。聞き取りの練習だけでなく、お子さまにより多くの体験をさせてあげましょう。

5 答え合わせを工夫する

答え合わせの時のひと工夫です。
普段、問題を終えると、保護者の方が答え合わせを行うと思いますが、次の方法に変えることで、更に力をつけることができます。

☆答え合わせの手順☆

①解答用紙はお子さまの手元に置いたままにする。

②答え合わせをする前に、どのような内容のお話だったか、あらすじを言わせる。

③それぞれの設問がどのような内容であったかを言わせる。

④解答にあたる部分を保護者が読み、自分の解答が合っていたか否かを、自分自身の手で判定させる。

⑤全ての設問に対し、②～④の方法で答え合わせを行う。

⑥答え合わせ終了後、自分の問題に対し、感想や気が付いたことなどを聞き取る。

⑦⑥で話したことに注意しながら、お話の記憶の問題にもう一問チャレンジする。
この時の答え合わせは、②、③をまとめて行ったのち、答え合わせは保護者が行ってもよい。

☆ねらい☆

②⇒内容をきちんと記憶していたかどうかの確認。
記憶方法のクセを知る。

③⇒設問をきちんと聞いていたかどうかの確認。
よく理解して解答したのか、思い込みで解答したかの判定。

④⇒自分で自分の解答を見ることで、間違いに気付かせる
間違った場合、間違いに自分で気づくことで、注意する意識が芽生え、合っていた場合は、自信につながる。

⑥⇒声に出して話すことで、問題を解くプロセスを再確認できる。

⑦⇒「鉄は熱いうちに打て」ということわざがあるように、問題に対する意識が高いうちに再度チャレンジさせる。そうすると、高い意識で問題に取り組む姿勢につながり、正答率も上がるようになる。

これらのポイントに注意して、筑波大学附属小学校の「お話の記憶」攻略にチャレンジしていきましょう！

※問題を始める前に、本文１頁の「本書ご使用方法」「ご使用にあたっての注意点」をご覧ください。

問題１

〈準 備〉　クーピーペン

〈問 題〉　**この問題の絵は縦に使用してください。**
これからするお話をよく聞いて、後の質問に答えてください。

動物村の幼稚園のみんなは遠足に行くことにしました。ウサギのピョン子は前日からワクワクしています。「さあ、明日の準備をしよう」と遠足の準備を始めました。リュックサックにハンカチとティッシュペーパーを入れました。「これで準備は終わり、さあ、早く寝よう」と言うと、いつも一緒に寝ているトナカイの人形を抱いて眠りました。次の日、ピョン子は１人で起きて赤いシャツと黄色のズボンに着替えました。お母さんが「おやつは入れたの？」と聞いたので慌てておせんべいを入れました。お友だちと公園で待ち合わせをしているので、みんなが待っていると思い、急いでお家を飛び出したら、お母さんが「水筒とお弁当を忘れているわよ」と追いかけて来ました。公園に着くとタヌキさんはジャングルジムで遊んでいました。キツネさんとリスさんは砂場で遊んでいました。ピョン子は「遅れてごめんなさい」と謝りました。みんなは「いいよ」と許してくれました。公園で遊んでいるとイヌの郵便屋さんが通りがかりました。その後、ネコ先生がチリンチリンと自転車のベルを鳴らしながら通りがかりました。先生の姿を見て、みんなは早く幼稚園に行かなくてはと思い、急いで向かいました。みんなが揃ったので、遠足に出発です。原っぱでお花を摘んだり、走ったりして楽しく遊びました。お昼にはおいしいお弁当を食べました。おやつの時間には、ピョン子はおせんべいを食べ、タヌキさんはチョコレートを食べました。

〈設 問〉　（問題１の絵を渡して）
①ピョン子が遠足の前日にリュックサックに入れて準備したものに○を付けてください。
②ピョン子が抱いて寝たものに○を付けてください。
③ピョン子がはいたズボンと同じ色で、３段目のズボンを塗ってください。
④タヌキさんが公園で遊んでいたものに○を付けてください。
⑤ピョン子はおやつに何を持っていきましたか。○を付けてください。
⑥公園を通りがかった動物が持っていたものに○を付けてください。
⑦お話に出てこなかった動物に○を付けてください。

〈時 間〉　各20秒

〈解 答〉　①左端（ハンカチ）、右から２番目（ティッシュ）
②左から２番目（トナカイ）　③黄色
④右から２番目（ジャングルジム）
⑤右端（おせんべい）　⑥左から２番目（はがき）　⑦左端（クマ）

問題2

〈準 備〉　クーピーペン

〈問 題〉　これからするお話をよく聞いて、後の質問に答えてください。

朝、リスさんが目を覚ますと、窓から見えるホオズキがオレンジ色に色づいていました。今日はお友だちのタヌキ君とウサギさん、サル君といっしょにプールに行く日です。でも、タヌキ君は少し遅れるということだったので、ほかのみんなはサル君のお母さんといっしょに先に出かけることになりました。みんながさっそく着替えてプールに入ろうとするとサル君のお母さんが、「入る前に何か忘れていることはないですか」と言ったので、「あっ！そうだ！」と思い出し、準備運動をしてからプールに入って遊びました。リスさんとウサギさんはお揃いのピンクの水玉模様の水着を着ています。サル君は水色と黒のしま模様の海水パンツをはいて水色の帽子をかぶっています。しばらく遊んだ後、持って来たお弁当を食べようとすると、そこへタヌキ君とイヌ君がやって来ました。イヌ君に泳ぎに行くと言ったら、いっしょに行きたいと言うので連れて来たようです。でも、イヌ君が釣り竿を持っていたので、みんなが不思議に思ってたずねると、「泳ぎに行くって聞いたから海に行くのかと思ったよ」と答え、みんなで大笑いしました。お弁当には、おにぎり５つとサンドイッチが５つ入っていたので、みんなで分けあって食べました。みんなで夕方になるまで楽しく遊び、帰る時間になりました。帰り道でリスさんは、お母さんから買い物を頼まれていたことを思い出しました。お父さんの誕生日のお祝いのために、ロウソクを４本買った後、隣の八百屋さんでお父さんが大好きなスイカを買いました。はじめは、スイカもメロンも両方ともお父さんが大好きなので、どちらにしようか迷ったのですが、八百屋さんのおじさんが「今日のスイカは特別に甘くて美味しいよ」と言ったので、リスさんはスイカを買ってお家に帰りました。

〈設 問〉　（問題２の絵を渡して）

①リスさんが朝起きたらホオズキは何色になっていましたか。その色で○の中を塗ってください。
②みんなはどこに出かけましたか。青で○を付けてください。
③リスさんたちを連れて行ってくれたのは誰のお母さんでしたか。青で○を付けてください。
④プールに入る前に忘れていたことは何でしたか。青で○を付けてください。
⑤遅れてきたのは誰でしたか。青で○を付けてください。
⑥リスさんが買ったローソクは何本でしたか。その数だけ緑で○の中を塗ってください。
⑦リスさんが八百屋さんで買ったものは何でしたか。青で○を付けてください。
⑧お話の季節と同じ時に咲く花は何ですか。ピンクで○を付けてください。

〈時 間〉　各20秒

〈解 答〉　①オレンジ色　②右端（プール）　③左から２番目（サル君）
④左から２番目（準備体操）　⑤左から２番目（イヌ君）、右端（タヌキ君）
⑥４本　⑦右端（スイカ）　⑧左から２番目（アサガオ）

問題3

〈準　備〉　クーピーペン

〈問　題〉　**この問題の絵は縦に使用してください。**
これからするお話をよく聞いて、後の質問に答えてください。

　ある日、クマ君が寝ていると、ネズミさんとウサギさんが迎えに来ました。キツネ君が足を怪我したので、みんなでお見舞いに行こうと約束していたからです。でもクマ君がなかなか起きなかったので、クマ君のお母さんは「いい加減に起きなさい」と怒ってしまいました。クマ君は慌てて起きて、星のバッチのついた帽子をかぶり、シマシマ模様のシャツを着て、キツネ君のお見舞いに持っていこうと思っていたロボットのおもちゃと紙飛行機、お母さんが用意してくれたリンゴ３個とバナナ２本をカバンに入れて家を出ました。途中コスモスのお花畑でコスモスを摘んで花束を作りました。きれいな黄色いイチョウの葉っぱも落ちていたので、その葉っぱも持っていくことにしました。公園のそばを通りかかった時リス君に会い、公園で一緒に遊ぼうと誘われました。お見舞いに行くからと一度は断ったのですが、余りにも楽しそうなのでついつい遊んでしまいました。ジャングルジムやシーソー、砂場ではお城を造って遊びました。リス君が「お腹がすいた」と言ったので、クマ君が「少しならいいよ」と言って、みんなでリンゴやバナナを食べました。そして気がつくと、お見舞いにあげるはずの果物を全部食べてしまいました。「困った、どうしよう」みんなで考えてコスモスの花束とイチョウの葉っぱだけを持っていくことにしました。キツネ君の家に着き、お見舞いの果物を全部食べてしまったことを正直に話して謝ると「みんなが来てくれただけでうれしいよ」と許してくれました。キツネ君は右足に包帯を巻いて松葉杖をついてとても痛そうです。その後みんなで積み木やけん玉やしりとり遊びをしました。しりとりでは「リス、スイカ、カメ」と続いてクマ君の番になりましたが、クマ君が「メロン」と答えたのでアウトになってしまいました。クマ君は家に帰ってから、今日の出来事をお母さんにお話ししました。お母さんは「いけないことをしたけれど、ちゃんとキツネ君にお話をして謝ったのはえらかったわね」と優しく笑いながら褒めてくれました。

〈設　問〉　（問題３の絵を渡して）
①クマ君はどんな格好でお見舞いに行きましたか。その時身につけていたものに赤で○を付けてください。
②クマ君がお見舞いに持っていったものに赤で○を付けてください。
③拾った葉っぱはどんな葉っぱでしたか。拾った葉っぱにお話に合うような色を塗ってください。
④花束を作った花に鉛筆で○を付けてください。
⑤みんなで食べたリンゴと同じ数だけリンゴに色を塗ってください。
⑥公園ではどの遊具で遊びましたか。遊んだもの全部に赤で○を付けてください。
⑦お見舞いに行った時キツネ君はどんな格好をしていましたか。お話に合う絵に赤で○を付けてください。
⑧クマ君が家を出る前のクマ君のお母さんの顔に赤で○を、クマ君が家に帰ってきた後のお母さんの顔に青で△をつけてください。

〈時　間〉　各20秒

〈解　答〉　①左端（星）、右から２番目（シマシマ模様）
②左端（紙飛行機）、右端（ロボット）　③真ん中（イチョウ）：黄色
④右から２番目（コスモス）　⑤３個
⑥左から２番目（シーソー）、右から２番目（ジャングルジム）
⑦右から２番目　⑧○：右から２番目、△：左端

問題4

〈準備〉　クーピーペン

〈問題〉　これからするお話をよく聞いて、後の質問に答えてください。

サルさんとゾウさんとキツネさんが、公園の入り口で待ち合わせをしています。今日は、ウサギさんのお父さんのお誕生日なので、みんなでプレゼントを持ってウサギさんのお家に遊びに行く約束です。ウサギさんのお父さんは、いつもみんなにいろいろな遊びを教えてくれるので、みんなの人気者です。ところが、約束の時間になっても、ゾウさんが来ません。サルさんとキツネさんが「遅いね」「どうしたんだろうね」と心配そうに話し合っていると、ゾウさんが息を切らして走って来ました。ゾウさんは「遅くなってごめん、これを探していたんだ」と言いながら、きれいな虫かごを見せました。「ウサギさんのお父さんのプレゼントに、虫を捕ってあげるのはどうだろう」とゾウさんが言うと、「それはいいね」とそろって言いました。みんなは公園の中に虫を探しに行きました。公園の中には木や草がたくさん生えていて、花も咲いています。ユリやヒマワリや草木の間を探し回って、サルさんはカブトムシを、ウサギさんはトンボを、ゾウさんはカマキリを捕まえました。みんなは、捕まえた虫を、ゾウさんが持ってきた虫かごに入れました。ウサギさんのお家に向かう途中で、きれいな黄色いリボンを買って、虫かごにかけました。みんながウサギさんのお家に着いた時、ちょうど、ウサギさんとお父さんが一緒にお家から出てきました。「やあ、みんな。どうしたんだい？」と、ウサギさんのお父さんがみんなに声をかけました。みんなは、「ウサギさんのお父さん、お誕生日おめでとう」と言って、リボンをかけた虫かごをお父さんに渡しました。お父さんはとても喜び、ウサギさんは「よかったね、お父さん」と言ってニコニコしました。それから、ウサギさんが「そうだ、これから、お父さんにコマ回しを教えてもらうの。みんなも一緒に遊ぼうよ」と言いました。みんなは「それは面白そうだね」「一緒に遊ぼう」と喜び、ウサギさんのお家のお庭でコマ回しをして遊びました。

〈設問〉　（問題４の絵を渡して）

①１番上の段を見てください。待ち合わせに遅刻してきたのは誰でしたか。赤で○を付けてください。

②もう一度上の段を見てください。誰のお父さんがお誕生日でしたか。青で△をつけてください。

③上から２番目の段を見てください。お誕生日のプレゼントにあげた虫は何でしたか。赤で○を付けてください。

④下から２番目の段を見てください。最後にみんなで一緒にした遊びは何でしたか。赤で○を付けてください。

⑤１番下の段の左側を見てください。このお話と同じ季節のものは何ですか。赤で○を付けてください。

⑥１番下の段の右側を見てください。虫かごにかけたリボンの色は何でしたか。その色で、リボンを塗ってください。

〈時間〉　各20秒

〈解答〉　①○：左端（ゾウ）　②△（青色）：右から２番目（ウサギ）
③真ん中（カブトムシ）、右から２番目（トンボ）、右端（カマキリ）
④左端（コマ回し）　⑤左端（アサガオ）　⑥黄色で塗る
※色指定がない○はすべて赤色

問題5

〈準 備〉　クーピーペン

〈問 題〉　これからするお話をよく聞いて、後の質問に答えてください。

ある寒い冬の日、クマさんは、赤い手袋をしてお菓子屋さんに行き、アメとケーキを買いました。買い物をする時に手袋を外し、ポケットにしまいました。帰り道、クマさんは、野原で石につまずいて転びそうになりました。その時、ポケットに入れた手袋を落としてしまいました。しかし、クマさんは気がつかずにそのままお家に帰ってしまいました。クマさんが帰った後、野原にウサギさんがやってきて、落ちている赤い手袋を見つけました。ウサギさんは「この赤い手袋は誰のだろう。そうだ、お地蔵さまに預けておこう」と言い、手袋をお地蔵さまの手にはめて帰りました。ウサギさんが帰った後、キツネさんがやってきて、手袋をはめたお地蔵さまを見ました。「どうしてお地蔵さまが手袋をはめているんだろう」とキツネさんは不思議に思いましたが、「きっと寒いからだね。そうだ、このマフラーもかけてあげよう」と言い、お地蔵さまにマフラーをかけて帰りました。キツネさんの後、今度はリスさんがやってきました。リスさんもお地蔵さまを見て不思議に思いましたが、「きっと寒いんだね、この帽子もかぶせてあげよう」と言い、お地蔵さまに帽子をかぶせて帰りました。リスさんの後には、サルさんがやってきました。サルさんもお地蔵さまを見て不思議に思いましたが、「そうだ、雨が降ると困るだろうから、この長靴もあげよう」と言い、お地蔵さまの前に長靴を置いて帰りました。その後、クマさんが手袋を探しに野原へやってきました。そして、お地蔵さまを見て、「アレ、お地蔵さまがぼくの手袋をはめているぞ。マフラーや帽子や長靴まであるぞ」とびっくりしました。「でも、このままじゃ雨が降ったら濡れてしまう」と思ったクマさんは、一度家に帰って、チューリップの模様の箱とタンポポの模様の箱を持ってきました。そして、お地蔵さまがつけている手袋やマフラーや帽子や長靴を、２つの箱の中にしまい、お地蔵さまの隣に置いてあげました。それから、ニコニコとうれしそうに笑いながらお家に帰りました。

〈設 問〉　（問題５の絵を渡して）

①クマさんの手袋は何色でしたか。その色で○を塗ってください。

②１番上の段の右側を見てください。クマさんが買った物は何でしたか。赤色で○を付けてください。

③上から２番目の段を見てください。リスさんがお地蔵さまにあげたものは何でしたか。赤で○を付けてください。

④真ん中の段を見てください。マフラーをお地蔵さまにかぶせたのは誰ですか。赤で○を付けてください。長靴をお地蔵さまにあげたのは誰ですか。青で△をつけてください。

⑤下から２番目の段を見てください。クマさんは最後にどんな顔をしてお家に帰りましたか。赤で○を付けてください。

⑥１番下の段を見てください。このお話と同じ季節のものは何ですか。赤で○を付けてください。

〈時 間〉　各20秒

〈解 答〉　①赤色で塗る　②左から２番目（ケーキ）、右端（アメ）

③左から２番目（帽子）

④○（赤色）：右から２番目（キツネ）、△（青色）：右端（サル）

⑤左端（うれしそうな顔）　⑥右から２番目（クリスマスツリー）

※色指定がない○はすべて赤色

問題6

〈準 備〉　クーピーペン

〈問 題〉　これからするお話をよく聞いて、後の質問に答えてください。

明日はいよいよ運動会。でもタヌキのポンタ君はかけっこが大嫌いです。空は灰色の雲がいっぱいで、今にも雨が降りそうです。ポンタ君は、「明日の運動会は雨で中止にならないかな」と思っていました。「明日のポンタの運動会には、お父さんとお母さん、そしてお姉さんで応援に行くからがんばってね。お弁当は何がいい？」とお母さんに聞かれたので、ポンタ君は「僕の嫌いなエビとキュウリは入れないでね」と言いました。運動会の朝になりました。お母さんは緑色のエプロンを着けてお弁当を作っていました。「ポンタの大好きな玉子焼きとトマトを入れたわよ」と言いました。昨日の夜は曇っていましたが、今日はとてもよいお天気です。運動会に行く途中、青い空にはこいのぼりが泳いでいました。ポンタ君は「僕の大好きな玉子焼きのお弁当だし、がんばろう」と思いました。ポンタ君は赤組です。玉入れは赤組が勝ちました。次の綱引きは白組が勝ちました。お昼のお弁当を食べ終わると、いよいよかけっこです。ポンタ君はキリンさん、キツネさん、ゾウさん、ブタさん、ウサギさんと走りました。「ヨーイ、ドン！」で走り出すと、ポンタ君はキツネさんのしっぽにぶつかって飛ばされてしまいました。そして、ゾウさんの鼻の上に飛んで行ってしまいました。「何だよう！」ゾウさんはびっくりして鼻を振りました。ポンタ君はすべり台のようにゾウさんの鼻の上をすべって、ゾウさんが鼻を振り上げた拍子に「ピュ〜ン！」と飛ばされて、今度はキリンさんの首につかまりました。「わあ！何だよう！重たいじゃないか！」キリンさんは首につかまったポンタ君を振り落とそうとしました。するとポンタ君はキリンさんの首から、またすべり台のようにすべって飛んで、何と１番前を走っていたウサギさんも抜いて１位でゴールしたのです。かけっこで１位になったポンタ君はびっくり仰天です。でも「かけっこも楽しいな」と思いながら空に泳いでいるこいのぼりを眺めてお家に帰りました。

〈設 問〉　（問題６の絵を渡して）
①運動会の前の日のお天気に青で○を付けてください。
②お母さんのエプロンは何色でしたか。その色で○の中を塗ってください。
③ポンタ君の嫌いな食べ物に黒で×を付けてください。
④ポンタ君の大好きな食べ物に赤で○を付けてください。
⑤ポンタ君と駆けっこをしていない動物に青で○を付けてください。
⑥１番初めにポンタ君を飛ばした動物に青で○を付けてください。
⑦ゾウさんの次にポンタ君がつかまった動物に黄色で○を付けてください。
⑧このお話と同じ季節のものに赤で○を付けてください。

〈時 間〉　各20秒

〈解 答〉　①左から２番目（曇り）　②緑色
③左から２番目（エビ）、右から２番目（キュウリ）
④左から２番目（トマト）、右端（玉子焼き）
⑤左から２番目（イヌ）、右から２番目（リス）　⑥左から３番目（キツネ）
⑦右端（キリン）　⑧真ん中（ショウブ／春）

問題7

〈準 備〉　クーピーペン（青、赤、黒）

〈問 題〉　これからするお話をよく聞いて、後の質問に答えてください。

ある寒い曇った日曜日、女の子は、おばあちゃんに編んでもらった星の模様のマフラーを巻いて、お父さんとお母さんと３人でお買物に出かけました。外は寒くて、息を吐くと白くなりました。田んぼに立っているカカシも寒そうに見えました。モミジもイチョウも散っています。スーパーまでは、バスで駅まで行って、そこから少し歩いて行きました。スーパーに着くと入り口の正面には、クリスマスの飾りに代わって、お正月用の凧や羽子板が飾られていました。お母さんが「もうすぐお正月ね」と言いました。食料品売り場に行っておもちを買い、野菜売り場ではダイコンを買いました。次に女の子とお母さんは果物売り場に行く途中のお菓子売り場で、胸にクマの模様が入った白いセーターを着た小さな男の子が、泣いているのを見ました。「どうしたの？」と聞くと男の子は「おばあちゃんと来たんだけど、１人でお菓子を見ていたら迷子になったの」と言いました。女の子はお店の人に言って店内放送をしてもらいました。すると、すぐに男の子のおばあちゃんが来ました。男の子はお礼にと言って、おばあちゃんが持っていたアメを２個くれました。おばあちゃんの荷物を持って男の子は帰って行きました。それを見ていたお母さんが「小さいのに偉いわね」と言ったので、女の子は「わたしだって偉いもん」と言っておもちとダイコンの入った袋を持ちましたが、「やっぱり重たいな」と思いました。そのあと、お父さんが「お正月にみんなで遊べるものを買おう」と言ったので、３人はおもちゃ売り場に行きました。お父さんは「お父さんが子どもの頃は、お正月になると近所の原っぱで凧揚げをしたんだよ」と言いながら、売り場に置かれた凧を懐かしそうに見ています。お母さんは「あら、私たちは羽根突きをしたわ。負けると顔に罰として墨を塗られちゃうの。顔を洗ってもなかなか落ちなくて大変だったのよ」と笑いながら言いました。３人は相談してカルタを買いました。帰り道、女の子は「早くお正月が来ないかな～」と思いました。

〈設 問〉　（問題７の絵を渡して）

①買い物に行く途中、田んぼにあったものに青で○を付けてください。
②お話に出てきた女の子に赤で○を付けてください。
③スーパーの入口の正面に飾ってあったものに青で○を付けてください。
④食品売り場と野菜売り場で買ったものに青で○を付けてください。
⑤迷子になっていた男の子に黒で○を付けてください。
⑥女の子が男の子からお礼にもらったものに青で○を付けてください。
⑦３人がお正月用に買ったものに青で○を付けてください。
⑧今のお話の季節と関係のあるものに青で○を付けてください。

〈時 間〉　各20秒

〈解 答〉　①左から２番目（カカシ）　②左端（星の模様のマフラー）
③真ん中（羽子板）、右から２番目（凧）
④左から２番目（ダイコン）、右から２番目（おもち）
⑤左から２番目（クマのセーターを着た男の子）
⑥左端（アメ）　⑦左から２番目（カルタ）
⑧左から２番目（襟巻きと手袋）、真ん中（こたつ）

問題8

〈準 備〉 クーピーペン

〈問 題〉 **この問題の絵は縦に使用してください。**
これからするお話をよく聞いて、後の質問に答えてください。

キツネのコン太君は、魚釣りに行くためにいつもより早く目を覚ましました。コン太君が、「行ってきます」と言うと、お母さんは「気をつけて行ってらっしゃい、夕方になったら帰ってくるのよ」と言って、お弁当を渡してくれました。コン太君は、釣り竿とバケツとお弁当を持って元気に出かけました。家を出ると、道が３本に分かれていて、コン太君は右の道を進みました。すると最初の曲がり角で、散歩をしているクマさんに会いました。コン太君が、「クマさんおはよう。魚釣りに行くんだけど、一緒に行かない？」と声をかけると、クマさんは、「楽しそうだね、ぼくも行きたいな」と言って、早速、釣り竿とバケツを持ってきました。２匹は角を曲がって、仲良く一緒に歩きだしました。しばらく歩いていくと、煙突のあるお家の前でウサギさんとネズミさんに会いました。コン太君が「おはようウサギさん、ネズミさん。魚釣りに行くんだけど、一緒に行かない？」と２匹に声をかけると、ウサギさんは、「私、おつかいの途中なの。また今度誘ってね」と残念そうに言いました。ネズミさんは、「楽しそうだから、一緒に行くよ」と言うと、急いでお家に戻り、釣り竿とバケツを持ってきました。さて、３匹は、池に着くと早速釣りを始めました。しばらくして、ネズミさんが、「何か引っかかってるみたいだ！」と言ったので、コン太君とクマさんがネズミさんの釣り竿を一緒に引っ張りました。すると、針に引っかかっていたのは、緑の長靴でした。それを見たコン太君とクマさんは笑いました。ネズミさんは、大きな魚が釣れたと思ったので、がっかりしてしまいました。そしてまた３匹で仲良く釣りを続けました。釣りのあと、みんなでお弁当を食べました。コン太君が持ってきたお弁当はおにぎりでした。夕方になりました。コン太君が、「そろそろ帰ろうか」と言ったので、みんなは道具を片づけて帰る支度をしました。釣った魚を数えてみると、コン太君は魚２匹、クマさんは魚３匹、ネズミさんはザリガニと魚を１匹ずつでした。

〈設 問〉 （問題８－１の絵を渡して）
①コン太君が池へ行くのに通った道に、赤で線を引きましょう。
　コン太がネズミさんとウサギさんに会った場所に、青で○を書きましょう。
（問題８－２の絵を渡して）
②ネズミさんは何を釣りましたか。赤で○を付けてください。
③釣り竿に引っかかった長靴は何色でしたか。同じ色で○の中を塗りましょう。
④おつかいに行ったのはだれですか。赤で○を付けてください。
⑤クマさんは魚を何匹釣りましたか。その数だけ魚の絵を○で囲みましょう。

〈時 間〉 各20秒

〈解 答〉 ①下図参照

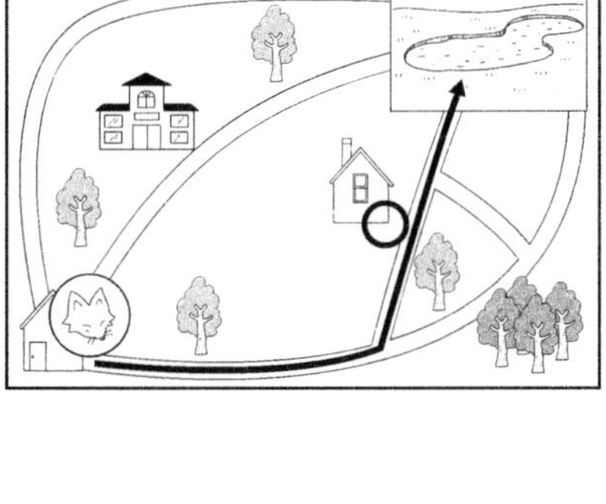

②左端（ザリガニ）、右端（魚）
③緑色
④右から２番目（ウサギさん）
⑤３匹

問題9

〈準 備〉　クーピーペン（赤、青、黄）

〈問 題〉　**この問題の絵は縦に使用してください。**
これからするお話をよく聞いて、後の質問に答えてください。

TRACK 9

森の動物たちが野原に遊びにきました。誰が１番に野原に着くか競争をしました。１番はキリンさんです。次にキツネさん、クマさん、ウサギさんの順番でした。ウサギさんは野原に着くと、疲れてゴロリと横になってしまいました。あまりにも気持ちがよかったので、みんなに教えてあげました。みんなで野原にゴロリと横になりました。すると、キツネさんが、野原にコスモスが咲いているのを見つけました。「きれいだね」とみんなは言いました。「春休みに野原に来た時には、スミレやタンポポが咲いていたね」「５月にはバラがきれいだったね」「夏休みにはヒマワリだったね」と、話はどんどんはずみます。そこへ、虫取り網と虫かごを持ってタヌキさんがやってきました。クマさんが起きあがって「やあ、タヌキさん。どうしたの」と声をかけると、タヌキさんは「今日はお母さんの誕生日だから、虫を捕まえてプレゼントしたいんだ」と答えて、虫取り網を振ってみせました。「そういえば、春休みに来た時には、モンシロチョウを捕まえたね」「夏休みにはカブトムシもいたよ」みんなも起きあがって言いました。「タヌキさん、今日はどんな虫を捕まえるの？」とウサギさんが聞くと、タヌキさんは、「いい声で鳴くから、スズムシやマツムシがいいな」と答えました。キツネさんが「それじゃ、ぼくたちもタヌキさんを手伝って虫を捕まえようよ」と言うと、みんなもうなずいて、虫を捕まえに野原のあちこちに走って行きました。やがて、虫を何匹も捕まえて、みんなが野原の真ん中に戻ってきました。タヌキさんの虫かごは、いい声で鳴く虫でいっぱいです。タヌキさんは「ありがとう。お母さんもきっと喜ぶよ」とお礼を言うと、「そうだ、お母さんにプレゼントする時、みんなも一緒にお家に来てよ」とみんなを誘いました。みんなは喜んで、「じゃあみんなでタヌキさんのお家に行こう」と言いました。キリンさんが「みんなでタヌキさんのお母さんにおめでとうを言ったら、輪投げをして遊ぼうよ」と言うと、みんなも賛成しました。みんなは手をつないで歌いながら、タヌキさんのお家に行きました。

〈設 問〉　（問題９の絵を渡して）

①最初に野原に着いた動物に、赤で○を付けてください。最後に着いた動物には、青で×をつけてください。
②もう一度１番上の段を見てください。みんなが虫を集めたのは、誰のお母さんのためでしたか。赤で△をつけてください。
③上から２番目の段を見てください。野原に横になった時にキツネさんがみつけた花は何ですか。赤で○を付けてください。
④真ん中の段を見てください。このお話と同じ季節に咲く花はどれですか。赤で○を付けてください。
⑤下から２番目の段を見てください。お誕生日のお祝いのあと、みんなは何をして遊ぶ約束をしましたか。赤で○を付けてください。
⑥１番下の段を見てください。タヌキさんのお家に帰る時、みんなはどんな顔をしていましたか。キツネさんの顔から選んで、赤で○を付けてください。

〈時 間〉　各20秒

〈解 答〉　①○：左から２番目（キリン）　×（青色）：右から２番目（ウサギ）
②△（赤色）：真ん中（タヌキ）　③○：右端（コスモス）
④○：左から２番目（キク）、右から２番目（リンドウ）
⑤○：右から２番目（輪投げ）　⑥○：右端（楽しそうな顔）
※色指定がない○はすべて赤色

問題10

〈準　備〉　クーピーペン（赤、青、黄）

〈問　題〉　**この問題の絵は縦に使用してください。**
これからするお話をよく聞いて、後の質問に答えてください。

クリスマスの前の日です。クマさんのお母さんは、病気で入院しています。クマさんのお友だちのみんなは、クマさんのお母さんのお見舞いに行くことにしました。みんなで話し合って、クマさんのお母さんには、クリスマスのプレゼントをあげることにしました。キツネさんはマフラーを、ウサギさんは帽子を、リスさんは手袋を選びました。みんなで病院へ行き、病室の入り口でドアをノックして、「こんにちは、クマさんのお母さん。お見舞いに来ました」とキツネさんが言うと、ドアの向こうからクマさんのお母さんが「よく来てくれたわね。さあ入って」と言いました。みんながドアを開けて入ってみると、クマさんのお母さんはベッドの上に座って、ニコニコしていました。「こんにちは、クマさんのお母さん。具合はどうですか？」とリスさんが言いました。「わたしたち、クリスマスのプレゼントを持ってきたんです」とウサギさんが言い、みんなで持ってきたプレゼントをクマさんのお母さんに渡そうとしました。キツネさんとウサギさんがプレゼントを渡し、リスさんの順番になったところで、「あれ、手袋が片方しかないぞ」と言いました。リスさんが「どうしよう、どこかで片方落としてしまったのかな」とオロオロしていると、病室にクマさんが入ってきました。クマさんは、「もしかして、これかな？」と言って、手袋を片方見せました。「病院の入り口に落ちていたんだ。あとで看護師さんに渡そうと思ったら、落とし主が見つかった」と笑って言った後、クマさんは、みんなに「お母さんのお見舞いに来てくれてありがとう」とていねいにお礼を言いました。クマさんのお母さんも、うれしそうにみんなにお礼を言いました。みんなが帰った後、ライオンのお医者さんとヒツジの看護師さんが、クマさんのお母さんの病室へやってきました。ライオンのお医者さんはお母さんを見て、「ずいぶん元気になりましたね。これなら、お正月には家に帰れるでしょう」と言いました。クマさんとお母さんは手を握り合って喜びました。それからクマさんのお母さんは、「帰る時に使おうね」と言って、もらったプレゼントを星の模様のきれいな箱に大切にしまいました。

〈設　問〉　（問題10の絵を渡して）
①お母さんが入院しているのは誰でしたか。赤で○を付けてください。
②もう一度１番上の段を見てください。プレゼントの手袋を片方落としたのは誰でしたか。青で△をつけてください。
③上から２番目の段を見てください。この中で、クマさんのお母さんがプレゼントでもらわなかったものは何ですか。赤で○を付けてください。
④下から２番目の段を見てください。絵の中からお医者さんを選んで、赤で○を付けてください。看護師さんには青で△をつけてください。
⑤１番下の段の左側を見てください。このお話と同じ季節のものは何ですか。赤で○を付けてください。
⑥１番下の段の右側の四角に、クマさんたちがプレゼントをしまった箱の模様を、赤で書いてください。

〈時　間〉　各15秒

〈解　答〉　①○：左端（クマ）　②△（青色）：右から２番目（リス）
③○：左から２番目（靴下）、真ん中（セーター）
④○：右端（ライオン）　△（青色）：左から２番目（ヒツジ）
⑤○：左下（雪だるま）　⑥星の模様
※色指定がない○はすべて赤色

問題11

〈準 備〉 クーピーペン（赤）

〈問 題〉 **この問題の絵は縦に使用してください。**
お話を良く聞いて後の質問に答えてください。

TRACK 11

あちこちの木でセミがにぎやかに鳴いている暑い夏の日のことです。リス君とウサギさんとネコさんがクマ君の家に遊びに来ました。リス君はけん玉をウサギさんは輪投げを、ネコさんはカルタを持ってきました。みんなで輪投げをしているとクマ君のお母さんが「おやつですよ」と言ってドーナツとジュースを持ってきてくれました。ネコさんは２つ、リス君は３つ、ウサギさんも３つ、クマ君は５つドーナツを食べました。おやつを食べ終わるとお母さんが「クマ君ちょっとキツネのおばあさんのところまでおつかいに行ってきてちょうだい」と言いました。でもクマ君は「いまみんなで遊んでいるからいやだよ」と言いました。するとウサギさんが「みんなで一緒に行きましょう」と言ったので、みんなでキツネのおばあさんのところにおつかいに行くことになりました。「この手紙とドーナツをおばあさんに渡してね」とお母さんはクマ君に手紙とドーナツの入ったカゴを渡しました。クマ君の家からキツネのおばあさんの家まではそんなに遠くはありません。ヒマワリの花がたくさん咲いている原っぱの横を通ってメダカやザリガニがいる小川にかかった小さな丸太の橋を渡って、タヌキ君の家の前を通り過ぎて少し行くと大きな木があります。その大きな木の根元には池があって、池のほとりにキツネのおばあさんの家があります。おばあさんに手紙とドーナツを渡すととても喜んで「おつかいに来てくれたからご褒美だよ」とみんなにアメを３個ずつくれました。帰る途中で野原の横を通った時ネコさんが「クマ君のお母さんにヒマワリの花をおみやげに持って帰りましょう」と言ったのでみんなでヒマワリの花を採って帰りました。「お母さんただいま、キツネのおばあさんがとても喜んでいたよ。それからこれはみんなからのおみやげだよ」とみんなで採ったヒマワリの花をお母さんに渡しました。「まあ～！　なんてきれいなんでしょう！ありがとう。みんなもおつかいご苦労様」と褒めてくれました。みんなはクマ君のお母さんがとても喜んでくれたのでうれしくなりました。それからキツネのおばあさんからもらったアメをなめながらみんなで「桃太郎」の絵本を見たりカルタ取りをしたり、楽しく遊びました。

〈設 問〉 （問題11の絵を渡して）
①リス君が持ってきた遊び道具は何ですか。○を付けてください。
②クマ君はドーナツをいくつ食べましたか。食べた数だけ、○に色を塗ってください。
③クマ君たちがキツネのおばあさんに届けたものに○を付けてください。
④キツネのおばあさんの家に○を付けてください。
⑤桃太郎のお話に出てくるものを２つ選んで○を付けてください。
⑥クマ君のおつかいを頼まれた時の顔に○を、おつかいから帰ってきた時の顔を△をつけてください。
⑦みんながクマ君のお母さんにあげたおみやげに○を付けてください。
⑧このお話と同じ季節のものに○を付けてください。

〈時 間〉 各20秒

〈解 答〉 ①右から２番目（けん玉）　②５つ　③右から２番目（ドーナツと手紙）
④右から２番目（池のほとり）　⑤左から２番目（オニ）、右端（モモ）
⑥○：真ん中　△：左端　⑦左から２番目（ヒマワリ）
⑧右から２番目（アサガオ/夏）

問題12

〈準 備〉 クーピーペン（赤）

〈問 題〉 これからするお話をよく聞いて、後の質問に答えてください。

ひろし君とゆう子ちゃんは双子の兄妹です。２人は、夜ご飯のハンバーグを食べた後、「ごちそうさまでした。お母さん、今日も絵本を読んで」とお母さんにお願いしました。水玉模様のエプロンをしたお母さんは、「先にお皿を洗ってしまうから、少し待っていてね。２人とも食べ終わったお皿をこっちに持ってきて」と言いました。お皿やコップを片付けた後、２人は、ひろし君の好きな飛行機の模型と、ゆう子ちゃんの好きなウサギの人形が飾ってある子ども部屋で待っていました。しばらくすると、お母さんが「今日は、なぞなぞの本を読みましょう」と言って、部屋に入ってきました。それは「なぞなぞ絵本」という本でした。ゆっくりと５ページまで読むと、お母さんは本を閉じて「今のお話、２人はしっかりと覚えているかな？　では、問題です」と言いました。「第１問。はじめはツブツブ、次はスイスイ、最後はピョンピョン。これな～んだ？」。「簡単だよ、キリン！」とひろし君は言いましたが、ゆう子ちゃんが「違うよ、カエルだよ！」と答えました。「当たり！　卵がツブツブ、オタマジャクシがスイスイ、カエルがピョンピョンね。では、第２問です。人にものをあげようとする動物はな～んだ？」ゆう子ちゃんは少し考えましたが「あっ！　わかった！　イルカでしょ」と答えました。ひろし君は「そうか！　「いるか？」だね」と言いました。「その通り！　では第３問ですよ。花咲かじいさんに出てくる動物はな～んだ？」「何だったっけ？　花咲かじいさんに動物は出てきたかなぁ？」とひろし君が言うと、ゆう子ちゃんが「わかった！　イヌが出てくるよ」と答えました。「当たり！　ゆう子、すごいじゃない！　では次の問題。第４問です。桃太郎に出てくる動物はな～んだ？」ひろし君が「サルとキジと、あとは…えーっと…」と考えていると、ゆう子ちゃんが「サルとキジと、…あとはイヌだ！」と答えました。「当たり！　では最後の問題です。ひろしもがんばって！　カチカチ山に出てくる動物はな～んだ？」ひろし君が「タヌキ！」と答えると、またゆう子さんが「タヌキだけじゃなくて、あと１匹、ウサギも出てたよね」と答えました。「当たり！　今日のなぞなぞはゆう子の勝ちね」とお母さんが言いました。

〈設 問〉 （問題12の絵を渡して）
①夜ご飯は何でしたか。○を付けてください。
②お母さんのエプロンの模様はどれですか。○を付けてください。
③子ども部屋にあったものはどれですか。○を付けてください。
④お話の中で、なぞなぞは全部で何問ありましたか。その数だけ○を塗ってください。
⑤ひろし君は最初のなぞなぞの答えを何と答えましたか。○を付けてください。
⑥なぞなぞで「人にものをあげようとする動物」に○を付けてください。
⑦「桃太郎」に出てくる動物で、ひろし君が答えた動物に○を付けてください。
⑧「花咲かじいさん」のなぞなぞで、ひろし君が忘れていた動物に○を付けてください。
⑨「カチカチ山」に出てくる動物に○を付けてください。

〈時 間〉 各20秒、④のみ40秒

〈解 答〉 ①右から２番目（ハンバーグ）　②左から２番目（水玉模様）
③左端（飛行機の模型）、右から２番目（ウサギの人形）④５つ
⑤右端（キリン）　⑥左から２番目（イルカ）
⑦右端（サル）、右から２番目（キジ）　⑧左端（イヌ）
⑨左から２番目（ウサギ）、右から２番目（タヌキ）

問題13

〈準備〉　クーピーペン

〈問題〉　**この問題の絵は縦に使用してください。**
これからするお話をよく聞いて、後の質問に答えてください。

夏休みのある日のことです。森の動物たちが、山にハイキングに行くことになりました。一緒に行くのはネコ君、クマ君、ブタ君です。最初に約束の場所に来たのはクマ君で、ネコ君は約束の時間ピッタリにやって来ました。そしてブタ君は「遅れてごめんね」と言いながら10分も遅れてきました。ネコ君は「いいよ」と言いましたがクマ君は「約束に遅れてくるなんていけないよ」とプンプン怒りました。でもネコ君が「せっかくみんなで一緒に行くんだから仲良くしようよ。許してあげようよ」と言ったのでクマ君も怒るのを止めて３匹は仲良く山登りに向かいました。ブタ君は青いリュックサックに黄色の帽子です。リュックサックが重くて歯を食いしばっているので、まるで怒っているみたいな顔をしています。クマ君は黄色のリュックサックに緑色の帽子をかぶっています。ネコ君は緑色のリュックサックで帽子はかぶってくるのを忘れてしまいました。途中に川があったので、魚釣りの大好きなクマ君は大喜び。タヌキの親子が魚を釣っていて、おじさんが「これはアユと言う魚だよ」と言いながら、釣った魚を見せてくれました。おじさんは魚を３匹釣っていました。タヌキの子どもは「僕は網でカメを１匹捕まえたよ」とうれしそうに見せてくれました。タヌキさん親子と別れて、また３匹は頂上を目指して山登りです。途中でブタ君が「つかれたよ～」とくじけそうになると、クマ君とネコ君が「もう少しで頂上だよ！　もうちょっとがんばろう」と一生懸命励まし、無事に頂上に着きました。さあ、楽しみにしていたお弁当の時間です。クマ君のお弁当は大きなおにぎりが２つ、ネコ君のお弁当はサンドイッチにバナナが３本、ブタ君のお弁当はのり巻きが２つにイチゴが３つです。ブタ君が、「みんなにイチゴをあげるね」と言って、クマ君とネコ君にイチゴを１つずつ分けてくれました。ネコ君もバナナを１本ずつクマ君とブタ君に分けました。クマ君はおにぎりしか持ってこなかったので、みんなに分けるものがありません。辺りを見回すとサクランボのたくさんなっている木を見つけました。そこで「みんなにサクランボを採ってあげるね」といって、サクランボをたくさん採りました。みんなサクランボは、お母さんへのおみやげにしました。

〈設問〉　（問題13の絵を渡して）
①帽子を忘れたのは誰ですか。青で○を付けてください。
②ブタ君の帽子とリュックサックは何色でしたか。絵の横の○をその色で塗ってください。
③ブタ君が遅れてきた時のクマ君の顔に青で○を付けてください。
④タヌキのおじさんが釣った魚の数だけ○に青で塗ってください。
⑤タヌキの子どもが捕まえたものに青で○を付けてください。
⑥ネコ君が持ってきたお弁当にあったものに青で○を付けてください。
⑦クマ君が木から採ってみんなにあげた物に青で○を付けてください。
⑧この季節と同じ花に青で○を付けてください。

〈時間〉　各20秒

〈解答〉　①右から２番目（ネコ）　②帽子：黄、リュックサック：青
③右から２番目（怒っている顔）　④青色：３つ
⑤左から２番目（カメ）　⑥左端（サンドイッチ）　⑦右端（サクランボ）
⑧左端（ヒマワリ/夏）　※色指定なしはすべて青

問題14

〈準 備〉　クーピーペン

〈問 題〉　これからするお話をよく聞いて、後の質問に答えてください。

TRACK 14

ウサギのピョン子ちゃんは、元気な女の子です。ある日、お母さんが「ピョン子ちゃん、忙しいからお買い物に行ってきて」と言いました。「分かった！」お返事をすると、ピョン子ちゃんは３階の自分のお部屋に行って洋服を着替えました。大きな黄色のスカートをはいて、上着を着ました。お母さんは「ニンジンを１本と、タコを３匹と、赤い花を１本買ってきて」と言って、メモをピョン子ちゃんに渡しました。「行ってきます」ピョン子ちゃんは大きな声で言って出かけました。まっすぐ歩いていくと八百屋さんが見えてきました。八百屋のクマさんが、「ピョン子ちゃん、今日は１人でおつかい？何を買いに来たの？」と聞きました。「ニンジン１本ください」ピョン子ちゃんは八百屋さんからニンジンを受け取って、また歩きだしました。ちょうどその時、ビューンと強い風が吹いてきて、持っていた大切なメモが飛んでいってしまいました。「あ～あ、どうしよう」ピョン子ちゃんはしょんぼり歩いていましたが、いいことを思いつきました。「そうよ！思い出せばいいんだわ」ピョン子ちゃんは元気になって歩きだしました。魚屋さんに着くとイヌのおじさんが「こんにちは、ピョン子ちゃん。今日は何がほしいの」と言いました。「えーっとね、今日はね、イカを３匹ください」あららピョン子ちゃん何か違いますよ。イヌのおじさんは「ハイ、どうぞ」とイカを３匹包んで袋に入れてくれました。「ありがとう」ピョン子ちゃんはお礼を言って、次のお花屋さんに行きました。お花屋のキツネおばさんが「ピョン子ちゃん、こんにちは、何をあげましょうか」と言いました。「黄色いヒマワリを５本ください」とピョン子ちゃんは答えました。何か変ですよ。キツネおばさんは、奥からヒマワリを５本包んで持ってきて、ピョン子ちゃんに渡してくれました。「気をつけて持って帰ってね」「ありがとうバイバイ」ピョン子ちゃんは買ったものを持って、元気にお家に帰りました。ピョン子ちゃんが、大きな声で「ただいま」と言うとお母さんが、「おかえりなさい」と言いながらニコニコして出てきました。「１人でおつかいご苦労さま」とお母さんは、ピョン子ちゃんの頭をなでてくれました。ピョン子ちゃんが買ってきた物を袋から出してテーブルに並べると「あらら、ちょっと違うわね」とお母さんの目がまん丸になりました。「あのね、途中でメモが風で飛んでいっちゃったの」ピョン子ちゃんはちょっとしょんぼりです。「そうだったの。それは仕方ないわね。でもいろいろな物を買ってきてくれたのね。がんばってくれてありがとう」お母さんはさっきよりもっとニコニコ顔で言いました。

〈設 問〉　（問題14-１の絵を渡して）
①ピョン子ちゃんは１番初めに何を買いましたか。赤で○を付けてください。
②メモが飛ばされたのは何屋さんの後でしたか。緑色で△をつけてください。
③ピョン子ちゃんのスカートの色は何色でしたか。その色で塗ってください。
（問題14-２の絵を渡して）
④ピョン子ちゃんが間違って買ったものに青で○を付けてください。
⑤ピョン子ちゃんが魚屋さんで買うはずだったものは何でしたか。橙色で◎をつけてください。
⑥ピョン子ちゃんは間違ったお買い物をしてきましたが、お母さんはニコニコしていましたね。あなたのお母さんだったらどんな顔をすると思いますか。赤で×をつけてください。

〈時 間〉　各20秒

〈解 答〉　①真ん中（ニンジン）　②左から２番目（八百屋）
③黄色　④真ん中（イカ）、右端（ヒマワリ）　⑤左端（タコ）⑥省略

問題15

〈準備〉　クーピーペン

〈問題〉　**この問題の絵は縦に使用してください。**
これからするお話をよく聞いて、後の質問に答えてください。

　ある日、キツネさんが足の骨を折ってしまったと聞いて、心配になったクマ君はお見舞いに行くことにしました。クマ君は、胸に星の模様のついたＴシャツに野球帽をかぶると、アメを３個持って、歩いてキツネさんのお家に行くことにしました。お母さんから、「お見舞いに、ドーナツを４つ買って行ってね。それから雨が降りそうだから、傘を持っていきなさい」と言われたので、クマ君は黄色い傘を持って出かけました。行く途中、道端にアサガオやヒマワリの花が咲いていて、とてもきれいでした。クマ君は、「このヒマワリを摘んで行こう」と思い、咲いているヒマワリを花束にして持って行くことにしました。その途中に公園があり、公園の前を通ると、サル君が「おーい、クマ君！いっしょに遊ぼうよ」と声をかけてきました。見ると、ネズミ君もジャングルジムに登って遊んでいて、ウサギさんも砂場で遊んでいました。クマ君が「今日はキツネさんが足の骨を折っちゃったから、お見舞いに行くところなんだ」というと、サル君は「ちょっとくらいならいいでしょ？少しいっしょに遊ぼうよ」と言いました。そこでクマ君はジャングルジムとシーソーで少しだけ遊んで行くことにしました。ジャングルジムで遊んだあとシーソーで遊んでいたら雨が降ってきたので、クマ君が「もうキツネさんのお家に行くね」と言って公園を出ようとすると、ネズミ君が「僕も行くよ」と言ったのでいっしょに行くことにしました。途中で、お母さんから言われていたおやつを買わないといけないことを思い出し、ケーキ屋さんに寄りました。「あれ？何を買うんだっけ？」とクマ君は買うものを忘れてしまい、仕方がないのでケーキを４つ買って行くことにしました。ケーキを買って外に出ると、いつの間にか雨がやんでいて、空には大きな虹の橋がかかっていました。そのころキツネさんは、つまらなそうに虹を見ていました。「あーあ、こんな足じゃお外でも遊べないわ。つまらない…」すると、遠くの方にクマ君とネズミ君の姿が見えてキツネさんはびっくりしました。「こんにちは！お見舞いに来ました！」と元気な声であいさつをして、キツネさんのお部屋に入れてもらったクマ君とネズミ君は、キツネさんといっしょにトランプや積み木で遊びました。クマ君のおみやげを食べ終わってしばらくすると夕方になったので、「早く元気になってね」とお見舞いの言葉を言って、クマ君とネズミ君は家に帰りました。

〈設問〉　（問題15の絵を渡して）
①クマ君はどんな格好をしていましたか。○を付けてください。
②出かける時の天気はどんなでしたか。○を付けてください。
③クマ君はアメを何個持って行きましたか。その数だけ、アメに○を付けてください。
④クマ君が公園で遊んだものに○を付けてください。
⑤クマ君の傘は何色でしたか。傘にその色を塗ってください。
⑥お母さんからケーキ屋さんで買うように言われたものに○を付けてください。
⑦キツネさんの家では何をして遊びましたか。○を付けてください。
⑧お話の季節と関係のある絵に○を付けてください。

〈時間〉　各20秒

〈解答〉　①右端（星のTシャツと野球帽）　②右から２番目（曇り）　③３つ
④左から２番目（ジャングルジム）・真ん中（シーソー）
⑤黄色　⑥真ん中（ドーナツ）
⑦左端（トランプ）・左から２番目（積み木）　⑧左端（七夕）

問題16

〈準 備〉 クーピーペン

〈問 題〉 この問題の絵は縦に使用してください。
これからするお話をよく聞いて、後の質問に答えてください。

ウサギさんとサルさんとネズミさんとネコさんとイヌさんが、お山の公園で遊ぶことになりました。朝、ウサギさんとサルさんとネズミさんが、いっしょに公園に行くと、先にネコさんとイヌさんが着いていました。ウサギさんが「遅くなってごめんね」と言うと、ネコさんとイヌさんは「僕たちも今来たばかりだよ」と言いました。動物たちはさっそく遊ぶことにしました。ウサギさんはプロペラの付いた飛行機の模型を、ネコさんはロケットの模型を持って来ていました。「わぁ、ウサギさんの飛行機、すごくかっこいいなあ！」とネズミさんが言いました。「僕のお兄さんが作ってくれたんだよ」とウサギさんはうれしそうに言いました。ネコさんが「よし、ウサギさん、僕のロケットとどちらが高く飛ぶか競争しようよ！」と言いました。「いいよ、負けないぞ！」。最初は、ネコさんが高く飛ばすことができました。「どんなもんだい！」ネコさんは得意そうです。「まだまだ！」ウサギさんも負けていません。次の勝負ではウサギさんの模型が高く飛びました。「どちらもがんばって！」イヌさんが応援します。その後は、ウサギさん、ネコさんと順番に高く飛ばし、勝負は引き分けになりました。疲れた２匹は、少し休むことにしました。その時、「ねぇ、ウサギさん。君の飛行機、僕にも貸してくれない？」とネズミさんが言いました。「うん、いいよ」「ありがとう！」うれしくてたまらないネズミさんは、思いっきり飛ばして遊びました。「すごくよく飛ぶね、エイッ！」。その時です、急に強い風が吹いて、風に飛ばされた飛行機は木に引っかかってしまいました。「ネズミさんが思いっきり投げたから木に引っかかったんだよ」とウサギさんが怒りました。「でも、急に風が吹いたから仕方がないよ…」とネズミさんが言い、２匹はとうとうけんかを始めました。「まぁまぁ、僕が取ってきてあげるから大丈夫さ」とサルさんが言い、スルスルと木に登って飛行機を取ってくれました。「サルさんありがとう」と２匹は言い、仲直りをしました。お昼になり、みんなでお弁当を食べることにしました。ところが、イヌさんがお弁当を忘れてしまい困っています。「僕はおにぎりを４個持ってきたから１個あげるよ」とウサギさんが言いました。「僕も、バナナを３本持ってきたから１本あげるね」とサルさんも言いました。「ありがとう」イヌさんはニッコリとして言いました。お弁当を食べた後、動物たちは、寒くなってきたのでお家に帰ることにしました。お弁当を分けてくれたお礼にイヌさんは持ってきた星の付いた手袋を片方ずつ、ウサギさんとサルさんに貸してあげました。

〈設 問〉 （問題16の絵を渡して）
①動物たちが行った場所を選んで○を付けてください。
②ネコさんが持ってきた遊び道具を選んで○を付けてください。
③ウサギさんとネコさんの勝負で、最初に勝った方に○を付けてください。
④飛行機が引っかかった場所に○を付けてください。
⑤引っかかった飛行機を取ってくれた動物に○を付けてください。
⑥ウサギさんが持っていたおにぎりの数だけ○を書いてください。
⑦サルさんが持っていたバナナの数だけ○を書いてください。
⑧お弁当を忘れた動物に○を付けてください。
⑨手袋を貸してもらった動物に○を付けてください。
⑩貸してもらった手袋を選んで○を付けてください。

〈時 間〉 各20秒

〈解 答〉 ①右から２番目（公園） ②左端（ロケットの模型） ③右（ネコ）
④左から２番目（木） ⑤左から２番目（サル） ⑥４つ ⑦３つ
⑧右端（イヌ） ⑨左端（ウサギ）、左から２番目（サル）
⑩左から２番目（星の付いた手袋）

問題17

〈準 備〉　クーピーペン

〈問 題〉　お話をよく聞いて後の質問に答えましょう。

　タヌキのポン太郎は、お天気がとってもよいのでお散歩に行こうと思いました。赤い帽子をかぶって、青い水筒にお水を入れて、肩から斜めに掛けました。「汗が出たらちゃんと拭くのよ」とお母さんが、黄色いタオルを渡してくれました。「行ってきま〜す」ポン太郎は元気に出かけました。しばらく歩いていくとキツネくんに会いました。「ポン太郎くん今日は暑いねぇ。頭がクラクラしてきちゃったよ。君の赤い帽子、僕にくれない？」キツネ君はフラフラしています。「いいよ。あげるよ」ポン太郎はキツネくんに帽子をあげました。また歩いていくとイヌくんに会いました。「ポン太郎くん。今日は暑いねぇ。汗ビッショリになっちゃったよ。君の黄色いタオル、僕にくれない？」イヌくんの頭も顔も汗でビショビショです。「いいよ、あげるよ」ポン太郎はイヌ君にタオルをあげました。「ありがとう。お礼にスイカをあげるよ」イヌ君は持っていたスイカをくれました。ポン太郎はスイカが大好きです。さっそく近くの公園のベンチに座ってもらったスイカをムシャムシャ食べました。また少し歩いていくと川辺でサル君が３匹の子ザルと一緒に魚釣りをしていました。子ザルたちが泣きべそをかいているので「どうしたの？」とポン太郎が聞くと「暑くて喉が渇いたの」と子ザルは泣きました。「じゃあこれをお飲みよ」ポン太郎は青い水筒を肩から下ろして子ザルたちにお水を飲ませてあげました。３匹ともうれしそうにゴクンゴクンと飲みました。「ポン太郎くん、ありがとう」サルくんがお礼を言いました。「これあげるから、飲ませてあげて」ポン太郎は水筒をサルくんに渡してまた歩きだしました。森にさしかかった頃、少しずつ空が暗くなってきました。「あれれ？雨が降るのかなぁ。早く帰ろう」ポン太郎がそう思ったとたん、いきなりゴロゴロと大きな雷の音がしてポツンポツンと大粒の雨が降ってきました。「こわいよぉ」ポン太郎は恐くて泣き出してしまいました。「おやおや、大丈夫かい？」声がしたので見るとシカのおじさんが立っています。「急に降り出したからね。うちで雨宿りしていきなさい」シカのおじさんにやさしく言われてポン太郎はホッとして涙が引っ込みました。シカのおじさんの家に行くとおばさんが温かい牛乳を出してくれました。おじさんの家には子ジカが４匹いて、みんなポン太郎が来てくれて喜びました。ポン太郎と子ジカたちはしばらく仲良く遊びましたが、そのうち疲れて一緒のお布団で眠ってしまいました。さて、朝までぐっすり眠ったポン太郎が、目を覚ますと、シカのおじさんがアサガオの模様の緑色の帽子をくれました。シカのおばさんはチューリップ模様の水色の水筒に水を入れてくれました。ポン太郎は「ありがとう」とお礼を言って帰りました。帰り道にきれいなアジサイの花が咲いていました。

〈設 問〉　(問題17-１の絵を渡して)
①ポン太郎が帽子をあげたのは誰ですか。赤で○を付けてください。
②サル君は何をしていましたか。使っていた道具に、赤で○を付けてください。
③イヌ君はポン太郎のタオルと何を交換しましたか。赤で○を付けてください。
(問題17-２の絵を渡して)
④シカのおじさんの家にいた子ジカは何匹でしたか。その数だけ赤で○をつけてください。
⑤ポン太郎が最初に持っていた水筒の色は何色でしたか。○をその色で塗ってください。
⑥このお話の季節の絵を２つ選んで赤で○を付けてください。

〈時 間〉　各15秒

〈解 答〉　①右から３番目（キツネ）　②右端（魚釣り）　③右から２番目（スイカ）
④４つ　⑤青色　⑥左から２番目（海）、右から２番目（ササと短冊/七夕）

問題18

〈準 備〉　クーピーペン

〈問 題〉　これからするお話をよく聞いて、後の質問に答えてください。

　とても天気のよい日に、ネズミさんとネコさんは、ナノハナ畑にピクニックに行くことにしました。ネズミさんもネコさんも、お母さんにおいしいお弁当を作ってもらい、お弁当と水筒をリュックサックに入れて出発しました。ナノハナ畑に行く途中で、ネズミさんとネコさんは待ち合わせをしていました。「あっ、ネコさんおはよう！」少し先に来ていたネズミさんが、ネコさんに元気よくあいさつをしました。２匹は仲よく手をつなぐと、ナノハナ畑へ向かって歩き始めました。しばらく歩いていると、道の向こう側から大きな声が聞こえてきます。「あれ、誰かな。何だか聞いたことあるような声だけど」ネコさんとネズミさんが、声のする方に行ってみると、クマくんとキツネくんとブタくんが、けんかをしていました。ネズミさんが「どうしてけんかになっちゃったの？」と聞くと、ブタくんが「クマくんが僕とキツネくんのお弁当も持ってくる約束をしたのに忘れちゃったんだ」と言いました。「みんなでナノハナ畑に行こうと思ってたんだよ」とキツネくんも言いました。クマくんは「だから、さっきからごめんって謝っているじゃないか。イヌくんとどっちが速いか競争していたら、お弁当のことをコロっと忘れてここまで走って来ちゃったんだ」と言いながら、クマ君が大きな体を小さく丸めてペコペコ頭を下げるのを見て、ブタくんとキツネくんは顔を見合わせて、思わず笑ってしまいました。「うふふ、キツネくんもブタくんも笑ったってことは、もう仲直りね」とネコさんが言いました。「じゃあ、わたしたちといっしょにピクニックへ行きましょう。お弁当はたくさんあるからだいじょうぶよ」と、ネズミさんが３匹を誘いました。「ありがとう。いっしょに行っていいの？」「もちろんよ！」みんなは元気いっぱいに歩き始めました。その時、強い風が吹いて、ネズミさんが飛ばされて、穴に落ちてしまいました。どうやって助けようかと４匹が考えていると、キツネくんが「いい考えがある」と言いました。「どんな考えなの？」ネコさんが聞きました。「みんな背が低い順に並んで、そして順番に穴の中に手を入れて届いたらネズミさんを引っ張り上げるんだ」さっそく動物たちは、背の低い順に並びました。ネコさん、キツネくん、ブタくん、クマくんの順に並んで穴の中に手を入れます。ネコさんは、あと少しのところで手が届きませんでした。クマ君が穴の中にグッと手を入れると、何とか届きました。「ネズミさん、僕の手につかまって！」ネズミさんの手をしっかりつかんだクマ君は、力いっぱいネズミさんを引き上げました。「どうもありがとう」ネズミさんは、みんなにお礼を言いました。またネズミさんが飛ばされるといけないので、今度はキツネくんが先頭でその後ろにネズミさん、ネコさん、ブタくん、クマくんの順に並んで再び出発です。しばらく歩くとナノハナ畑に着きました。あたり一面、ナノハナで真っ黄色に染められてとてもきれいです。ネコさんとネズミさんが持って来たお弁当には、とてもおいしそうな玉子焼きと唐揚げとサンドイッチとおにぎりが入っていました。みんなは仲よくお弁当を食べてニッコリ笑顔になりました。

〈設問〉　（問題18の絵を渡して）

①ピクニックに行った日のお天気に青で○を付けてください。
②みんながピクニックに行った場所に黄色で○を付けてください。
③待ち合わせ場所に先に来ていた動物に赤で○を付けてください。
④けんかをしていたのは誰でしたか。赤で○を付けてください。
⑤穴に落ちたのは誰でしたか。青で○を付けてください。
⑥よい考えを思いついたのは誰でしたか。青で○を付けてください。
⑦お弁当に入っていたものに赤で○を付けてください。
⑧このお話と同じ季節の花にピンクで○を付けてください。

〈時間〉　各20秒

〈解答〉　①左端（晴れ）　②右から２番目（ナノハナ畑）　③左端（ネズミさん）
④真ん中（キツネ君）・右から２番目（ブタくん）・右端（クマくん）
⑤左端（ネズミさん）　⑥真ん中（キツネさん）
⑦おにぎり・唐揚げ・玉子焼き・サンドイッチ
⑧左から２番目（チューリップ/春）

問題19

〈準 備〉　クーピーペン

〈問 題〉　これからするお話をよく聞いて、後の質問に答えてください。

ウサギさんとサルさんとゾウくんとタヌキくんとキリンくんは、日曜日に小川に釣りに行く約束をしました。日曜日はとっても良いお天気になりました。ゾウくんとキリンくんがウサギさんを迎えに行こうと道を歩いていると、キリンくんが大きな声で「しまった！」と言いました。「どうしたの？」「タヌキくんにバケツ貸してって頼まれていたのに忘れちゃった。ちょっと取りに帰らなくちゃ。ゾウくんここで待っていてね」キリンくんは、長い足でバタバタと今来た道を走っていきました。ゾウくんが待っていると、向こうから黄色いバケツを振りながらキリンくんが戻ってきました。「ごめんね。待たせちゃって」キリンくんが、ハアハア息をしながらゾウくんに謝りました。２匹がウサギさんの家に着くと、ウサギさんはなかなか出てきません。「どうしたのかなぁ」と２匹が心配しているとウサギさんが、釣竿を持ってピョンピョン出てきました。「ごめんね。釣竿が見つからなかったの」ウサギさんが謝りました。３匹が小川に着くと、サルさんとタヌキくんはもう釣りを始めていました。「何か釣れたの？」と３匹がサルさんのバケツをのぞいてみると、バケツの中にはサルさんが釣ったザリガニとタヌキくんが釣ったメダカが入っていました。「大変、一緒に入れておくとメダカがザリガニに食べられちゃうよ」キリンくんは、ビックリしてメダカを黄色いバケツの中にあわてて移しました。それからゾウくんとキリンくんとウサギさんも釣りを始めました。みんなそれぞれたくさん釣れて、全部でザリガニが９匹、メダカが 12 匹も釣れました。「もう少ししたらお昼ご飯の時間になるからそろそろ帰らない？」とサルさんが言ったので、みんな帰る支度を始めました。タヌキくんとゾウくんとキリンくんが、釣ったザリガニとメダカをお家で飼おうと話しているとウサギさんが「逃がしてあげようよ」と言い出しました。「えっいやだよお、せっかく釣ったのに」「そうだよ。自分で釣ったんだから飼うよ」３匹は口を揃えて文句を言いました。「だってかわいそうだよ」「そんなことないよ」けんかになりそうでした。「ザリガニだってメダカだって私たちと同じ命なのよ。みんな自分のお家で生きてゆきたいと思うんじゃない。私もお父さんやお母さんの家にずっと住んでいたいもん」ウサギさんがそう言うと、みんなそれぞれの自分のお父さんやお母さんのお家の事が頭に浮かびました。「そうだね。ザリガニもメダカも大切な命だもんね。小川に返してあげよう」ゾウくんもキリンくんもタヌキくんも大賛成で、ザリガニとメダカを小川に返してあげました。みんな大満足でした。「明日は幼稚園のひな祭りね」みんな明日のおひな様のことを楽しく話しながら手をつないでお家に帰りました。

〈設 問〉　(問題19－１の絵を渡して)
①お話に出てきた動物に○を付けてください。
②バケツを取りに帰ったのは誰ですか。○を付けてください。
③釣竿を探したのは誰ですか。○を付けてください。
(問題19－２の絵を渡して)
④先に小川に着いていたのは誰ですか。○を付けてください。
⑤みんな手をつないで帰る途中で話したことに合う絵に○を付けてください。
⑥このお話と同じ季節のものに○を付けてください。

〈時 間〉　各20秒

〈解 答〉　①左端（ゾウ）、左から３番目（キリン）、右から２番目（ウサギ）
②左から２番目（キリン）　③左から３番目（ウサギ）
④右から３番目（サル）、右端（タヌキ）
⑤右から２番目（おひなさま）　⑥左端（サクラ/春）

問題20

〈準 備〉　クーピーペン

〈問 題〉　これからするお話をよく聞いて、後の質問に答えてください。

　朝早くからクマさんのお家に集まったサルさん、キツネさん、ヒツジさんはパーティーの準備をしています。今日は、ヤギさんのお誕生日会なのです。キツネさんとヒツジさんは、力を合わせて誕生日のケーキを作っています。クマさんとサルさんは、楽しくお部屋に飾り付けをしています。そこへ、少し遅れてウサギさんがやって来ました。「みんな、おはよう！　遅れてしまってごめんなさい。私は何をすればいいかな」とウサギさんは聞きました。「じゃあ、ウサギさんに大事なことを頼みますね。ヤギさんにあげるプレゼントのお花を買ってきてほしいの」と、クマさんはウサギさんに頼みました。ウサギさんは「うん、わかった。何色のお花を買えばいいかな」と聞きました。サルさんは「私はピンク色のお花が好きだな」と言いました。キツネさんは「私は紫色が好きだなぁ」と言いました。クマさんは「私は青が好きね。でも、ヤギさんが好きなのは黄色だよ。だから黄色があれば１番いいね。もしなかったら、ウサギさんが好きな色でいいと思うよ。では、よろしくお願いしますね」と言って、ウサギさんにお金を渡しました。ウサギさんはピョンピョン走ってお花屋さんに向かいました。お花屋さんに着いたウサギさんが、自分の好きな赤いお花にしようかどうか迷っていると、大変なことに気が付きました。「あ、クマさんに渡してもらったお金がない！」。ウサギさんは、お花屋さんに来る途中で落としてしまったのかもしれないと思い、来た道を戻って行きました。道ばたには、赤色、黄色、白色、めずらしい紫色までたくさんのチューリップが咲いていました。「どうしよう。どこに落としてしまったんだろう」お金はなかなか見つかりません。すると、そこへキツネさんが走ってやって来ました。キツネさんは、机の上に忘れていったお金を届けに来てくれたのでした。「キツネさん、ありがとう。落としてしまったかと思ったよ」。ウサギさんはお金をしっかりと持って、もう１度お花屋さんに向かいました。そして、ヤギさんが１番好きな黄色いお花をたくさん買いました。「さあ、はやく帰ろう。もうすぐヤギさんが来る時間だ」。ウサギさんがクマさんのお家に戻ると、すぐにヤギさんもやって来てパーティーが始まりました。ウサギさんがヤギさんに「お誕生日おめでとう」と花束を渡すと、ヤギさんはとてもよろこんでくれました。そこへ、キツネさんとヒツジさんが、できたてのケーキを運んできました。ウサギさんは、部屋の灯りを暗くし、ケーキにささったローソクに火を点けました。「みんな、今日は私のために本当にありがとう」ヤギさんはとてもうれしそうにロウソクの火を吹き消しました。キツネさんとヒツジさんは、ケーキを持ってもう一度台所に行き、みんなが食べやすいように切り分けました。

〈設問〉　（問題20の絵を渡して）
①お誕生日だったのは誰ですか。青で○を付けてください。
②お部屋の飾り付けをしていたのは誰ですか。青で○を付けてください。
③お花を買いに行ったのは誰ですか。青で○を付けてください。
④サルさん、キツネさん、クマさんが好きな色は何色ですか。○をそれぞれの動物が好きな色で塗ってください。
⑤ウサギさんは、どこにお金を忘れていきましたか。青で○を付けてください。
⑥ウサギさんは何色のお花を買いましたか。その色で、○を塗ってください。
⑦台所で使った道具は何ですか。青で○を付けてください。
⑧お話に出てこなかった動物はどれですか。青で○を付けてください。

〈時間〉　各20秒、④のみ40秒

〈解答〉　①右から３番目（ヤギ）　②左端（クマ）と左から２番目（サル）
③右端（ウサギ）　④サル：ピンク　キツネ：紫　クマ：青
⑤右から２番目（机の上）　⑥黄　⑦右から２番目（包丁）
⑧真ん中（ネコ）

問題1

①

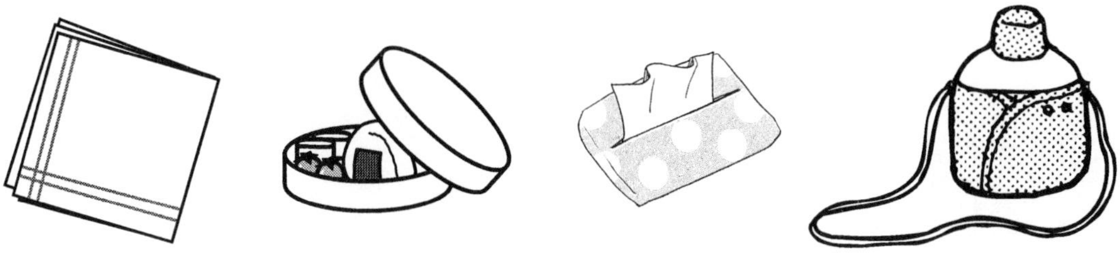

②

③

④

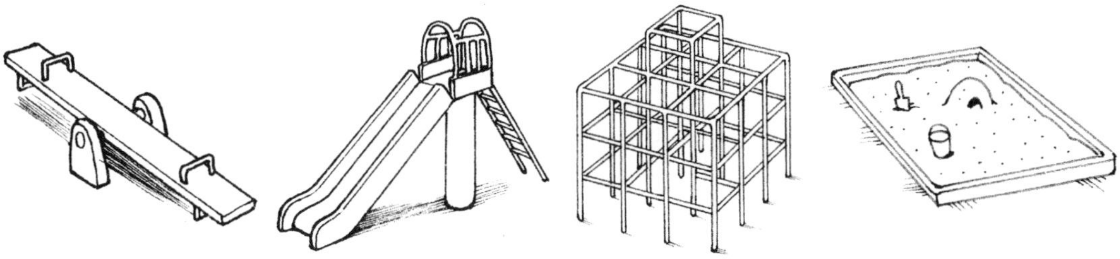

⑤

⑥

⑦

問題2

①

②

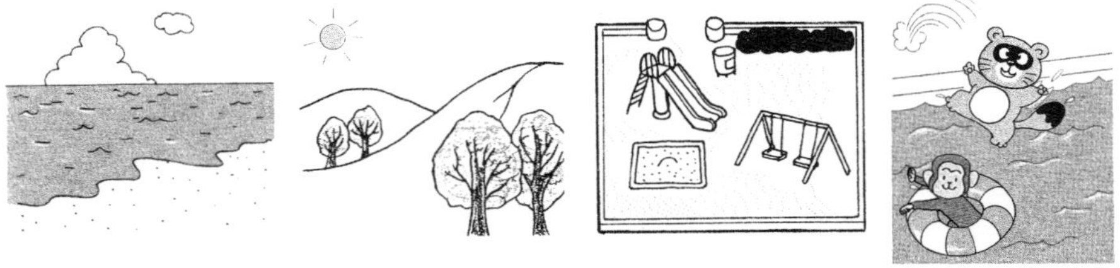

③

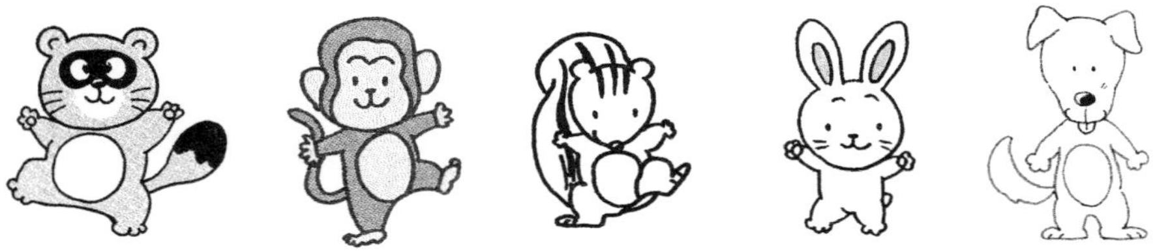

④

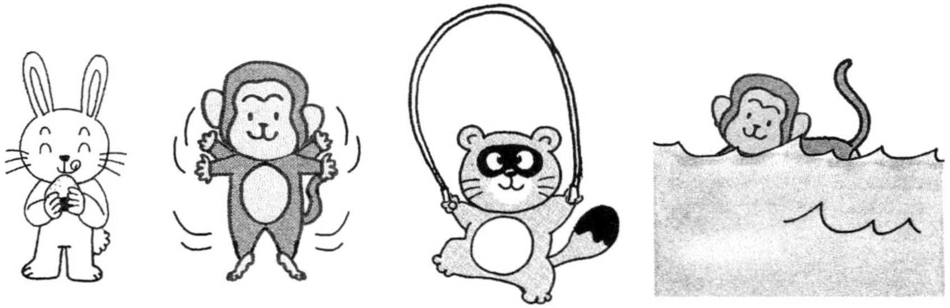

⑤

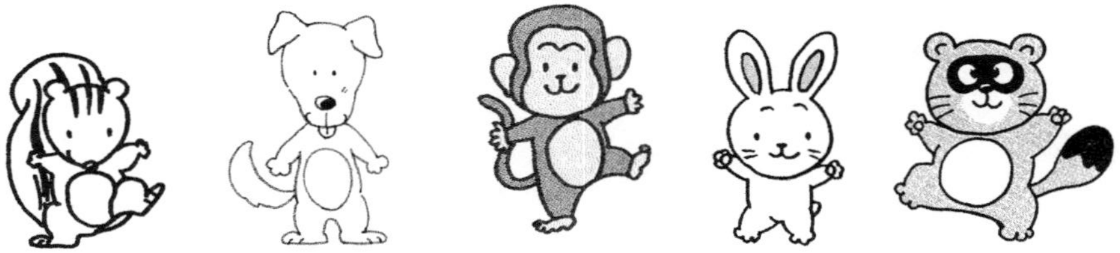

⑥

⑦

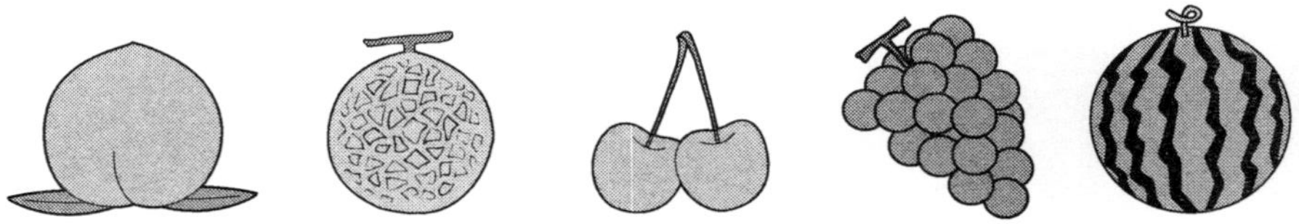

⑧

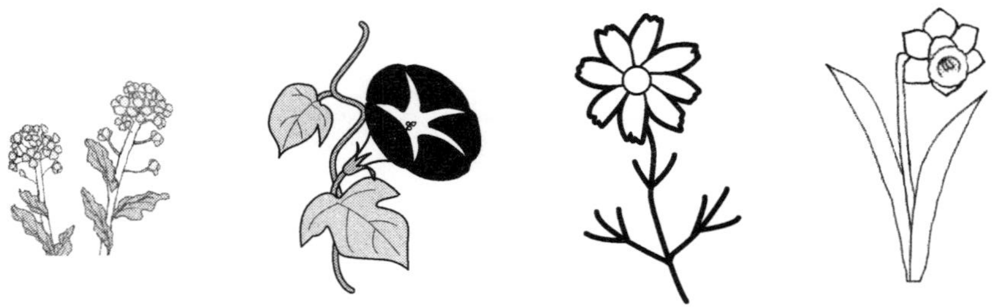

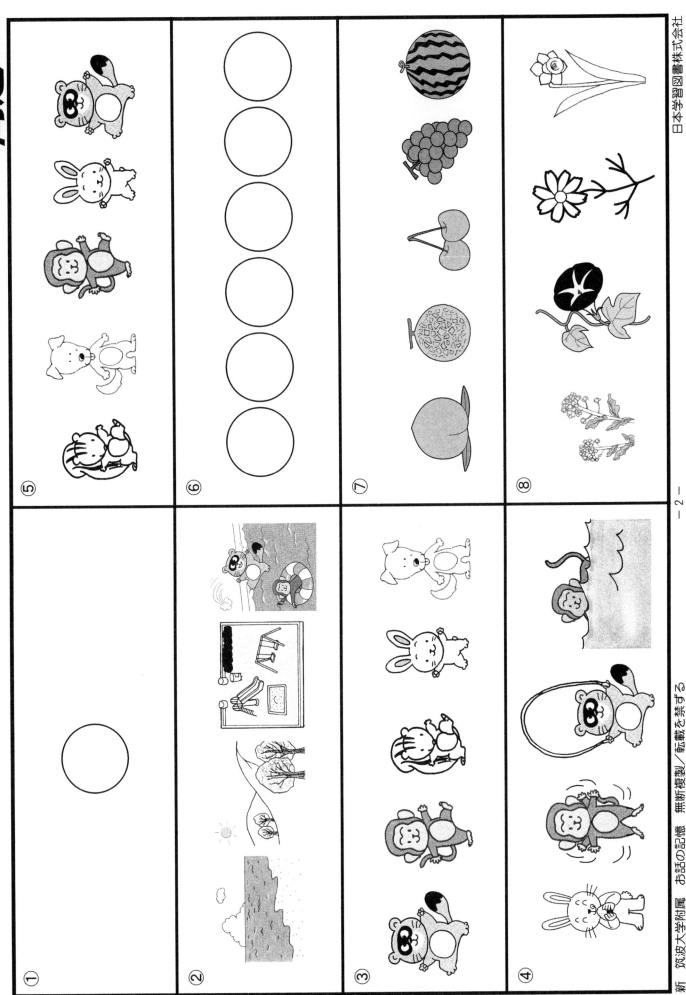

問題3

①

②

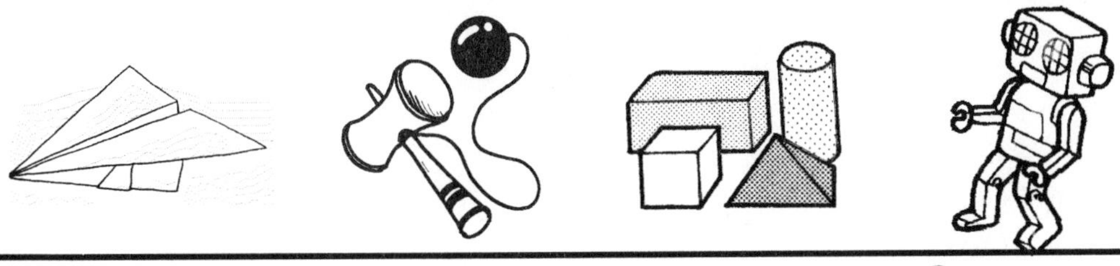

③

④

⑤

⑥

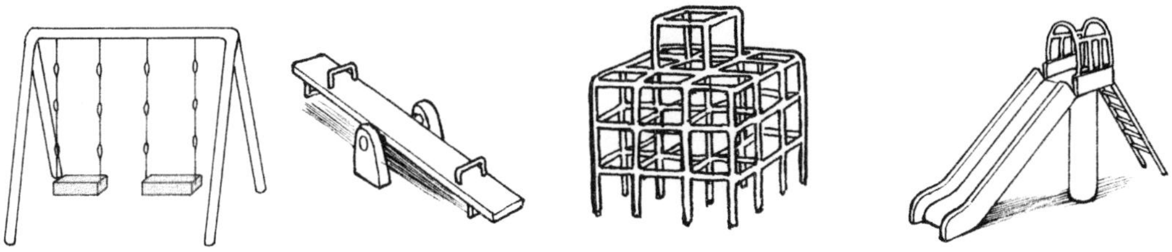

⑦

⑧

日本学習図書株式会社

問題4

①②

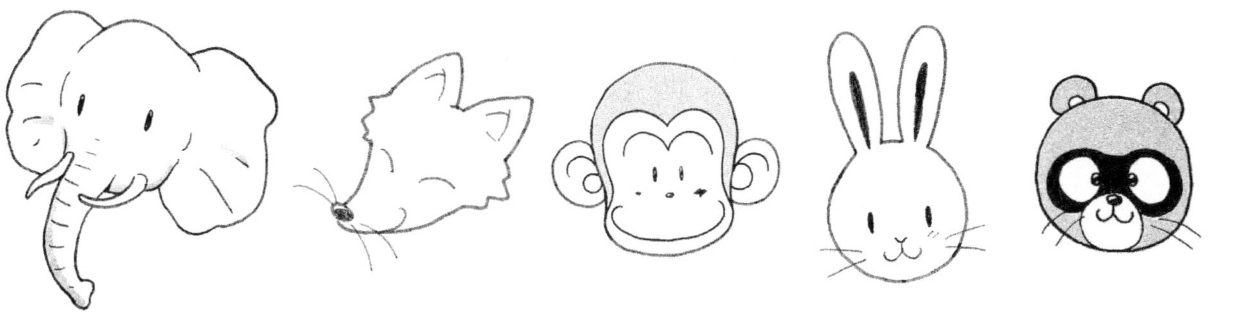

③

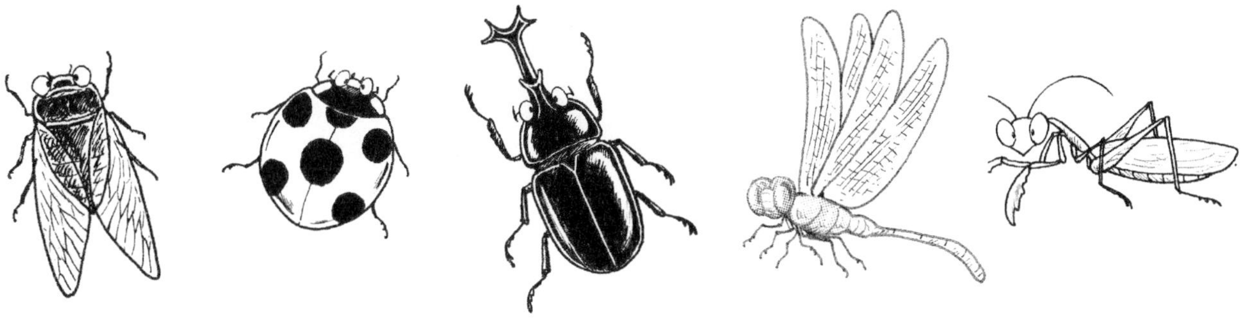

④

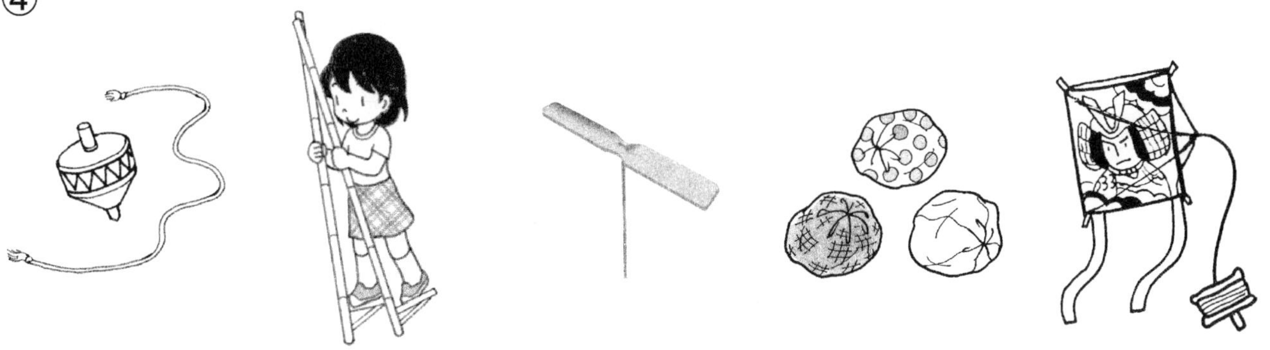

⑤

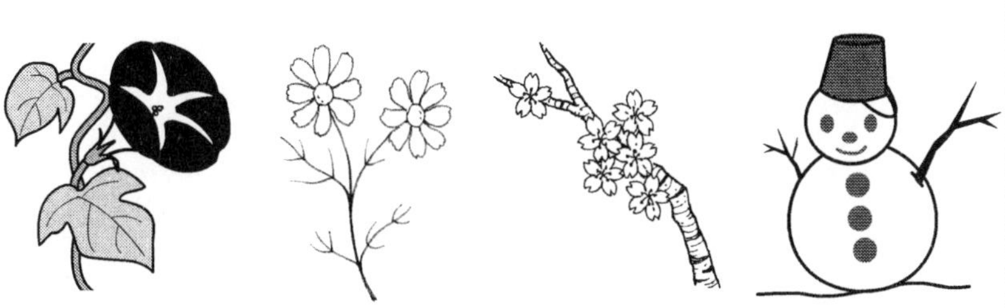

⑥

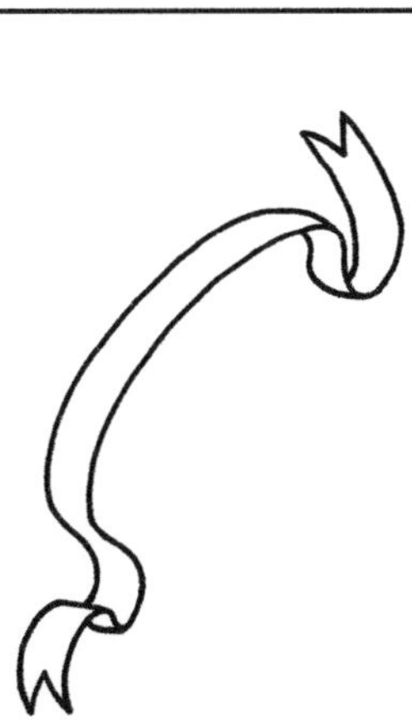

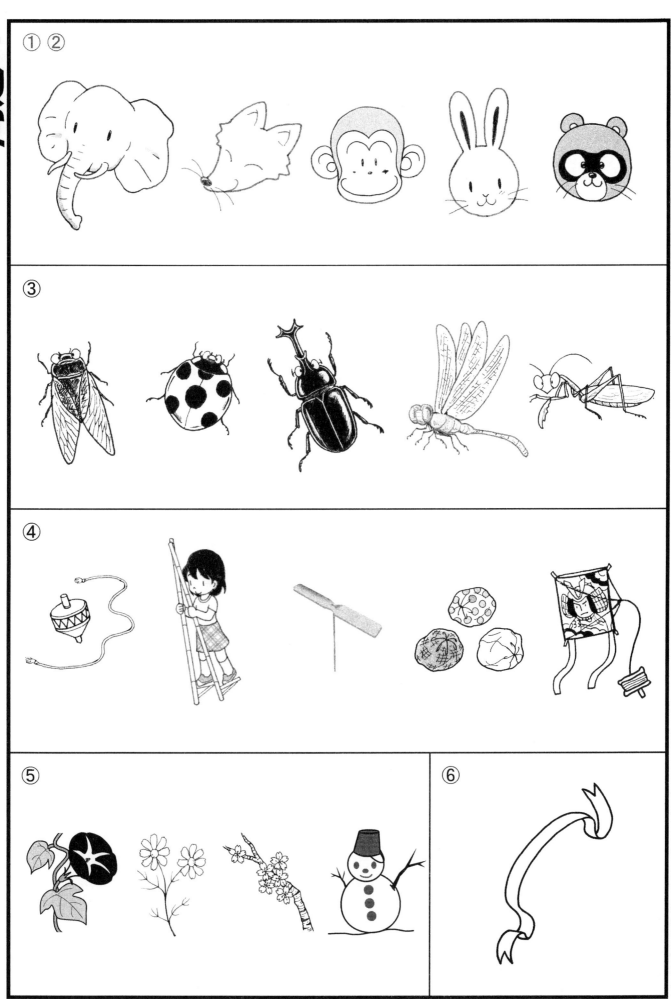

問題5

①

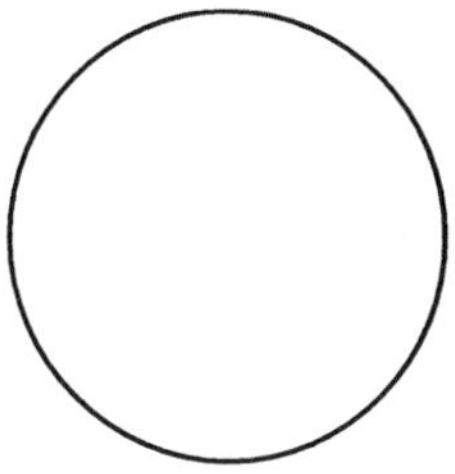

②

③

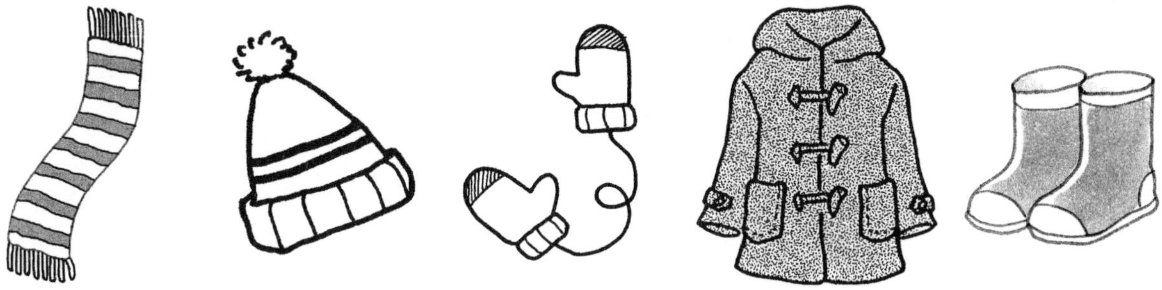

④

⑤

⑥

日本学習図書株式会社

問題 6

①

②

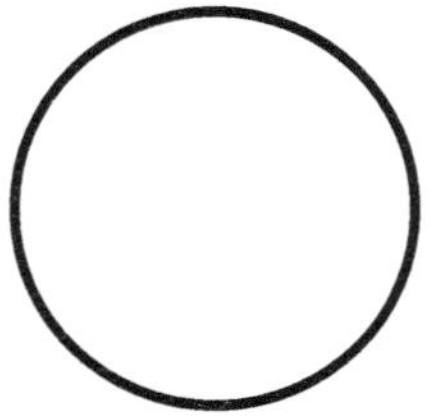

③

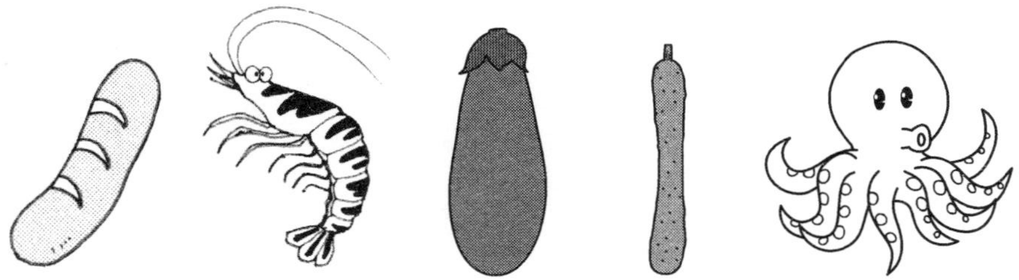

④

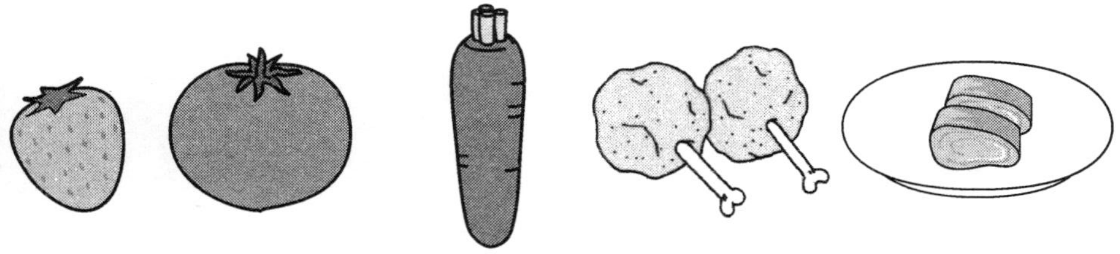

⑤

⑥

⑦

⑧

問題 7

①

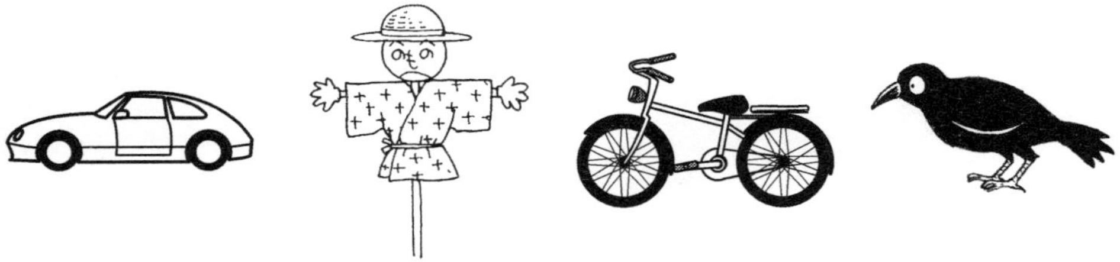

②

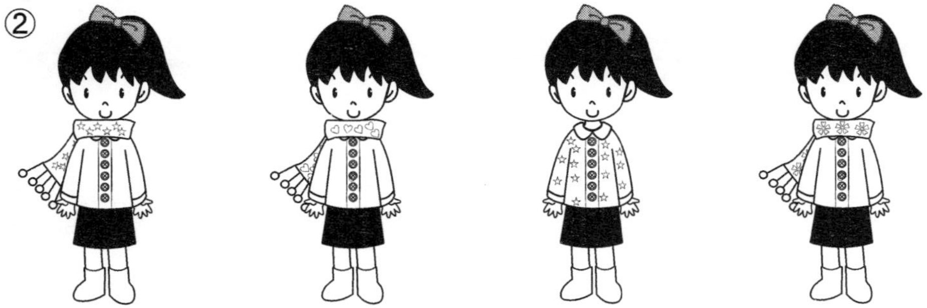

③

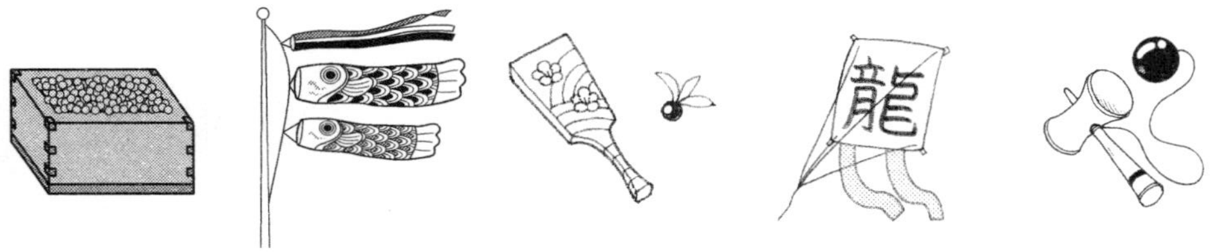

④

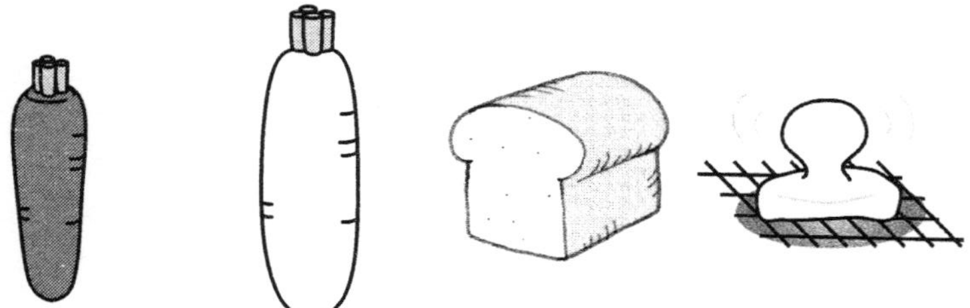

⑤

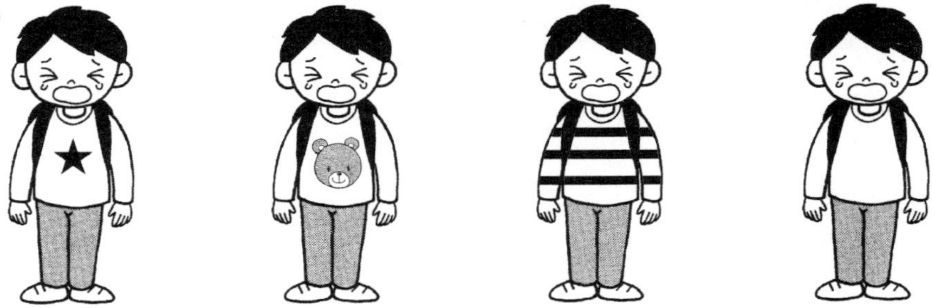

⑥

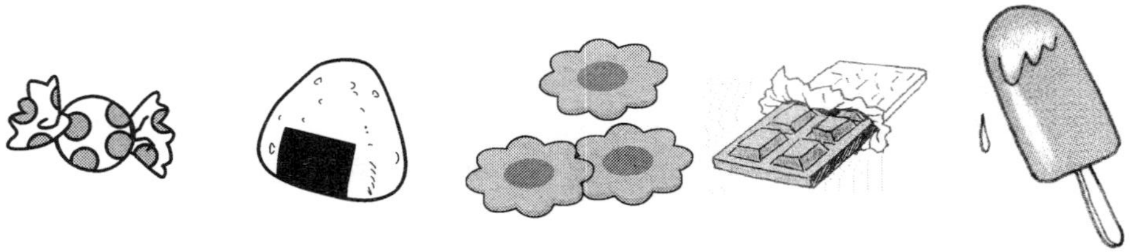

⑦

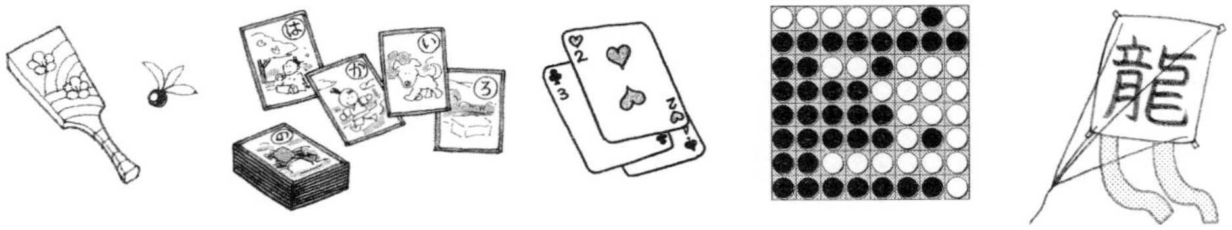

⑧

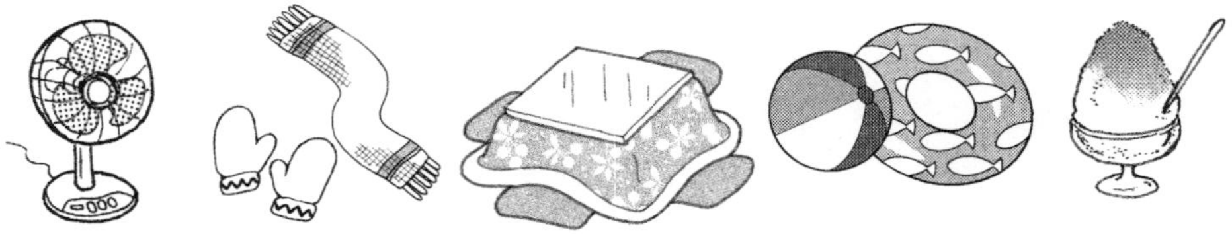

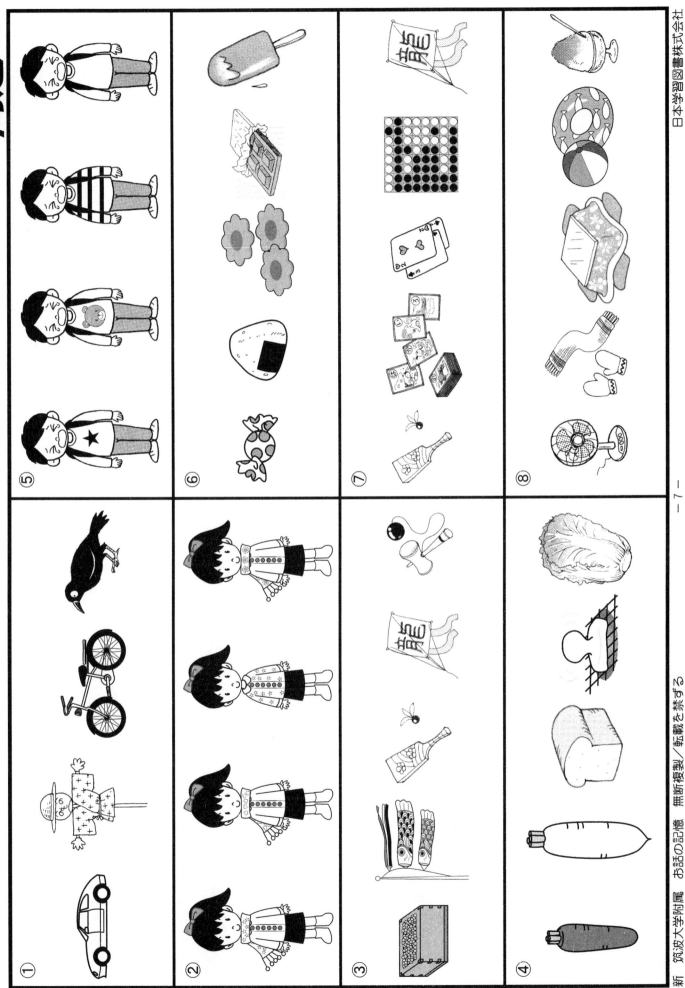

問題8－1

①

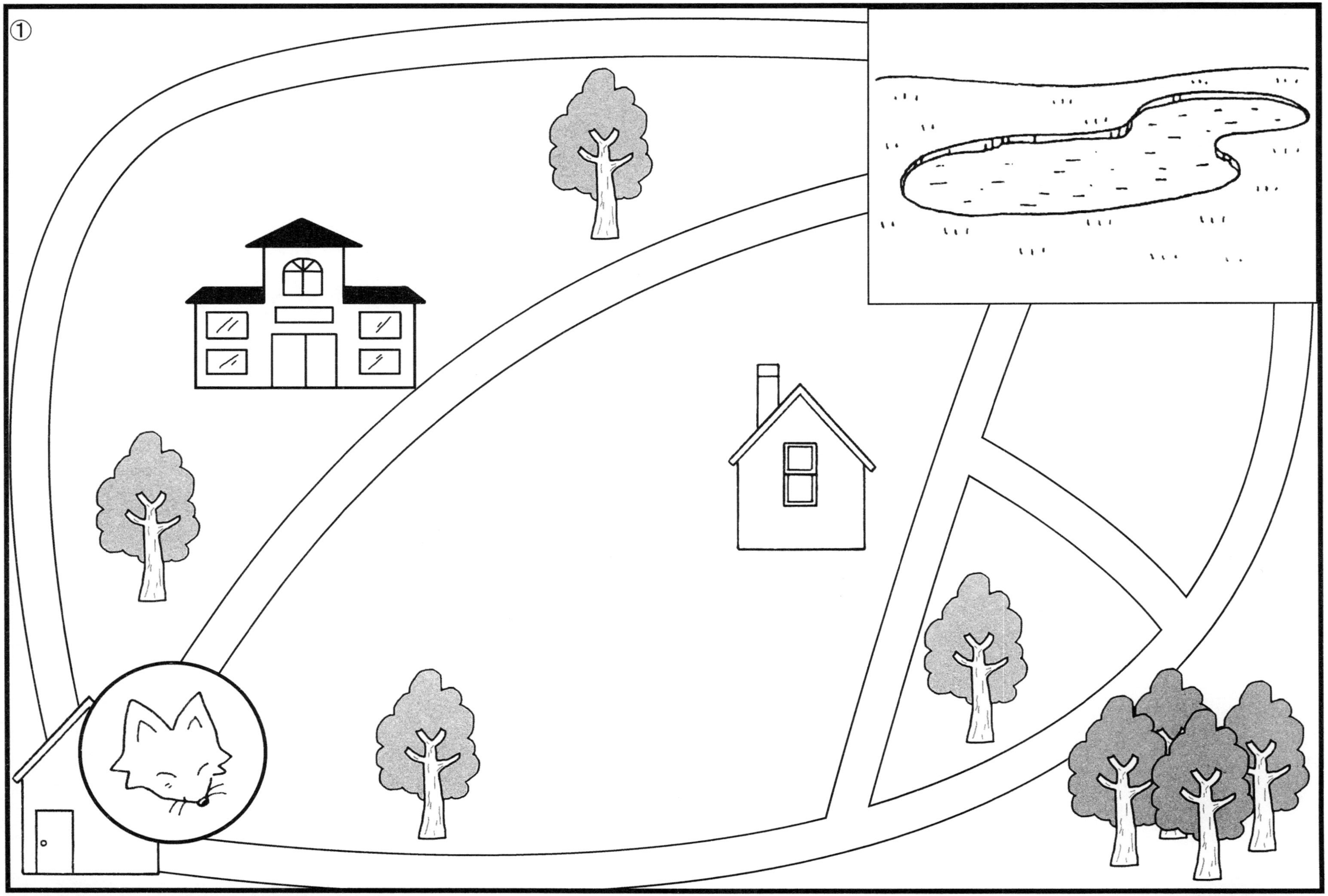

　

問題8－2

②

③

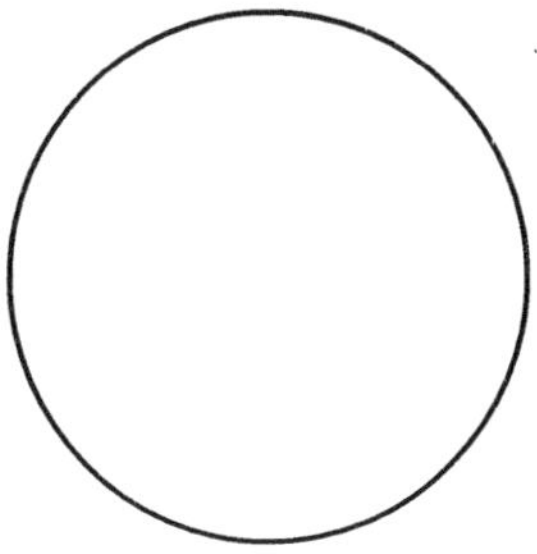

④

⑤

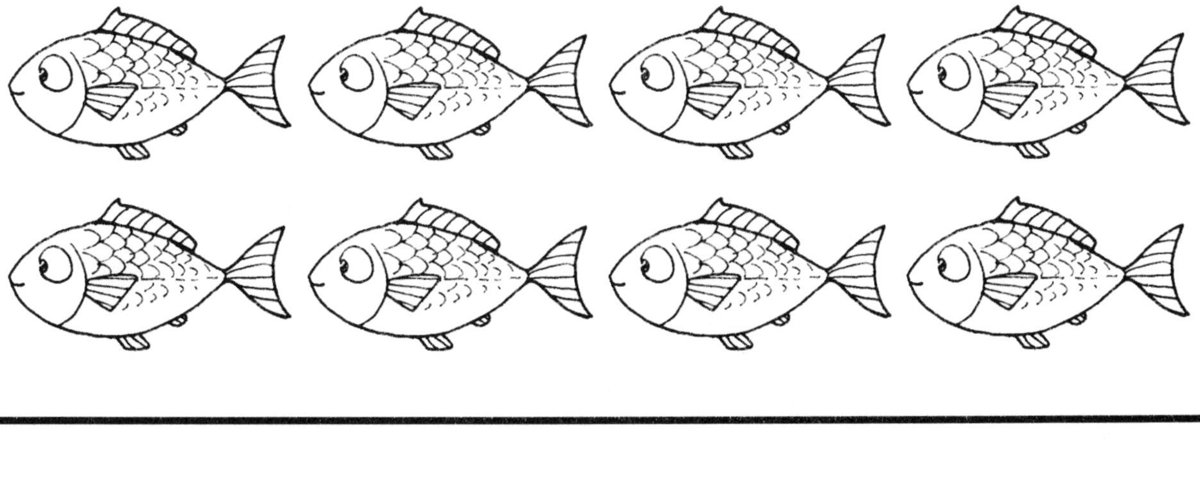

日本学習図書株式会社

問題9

①②

③

④

⑤

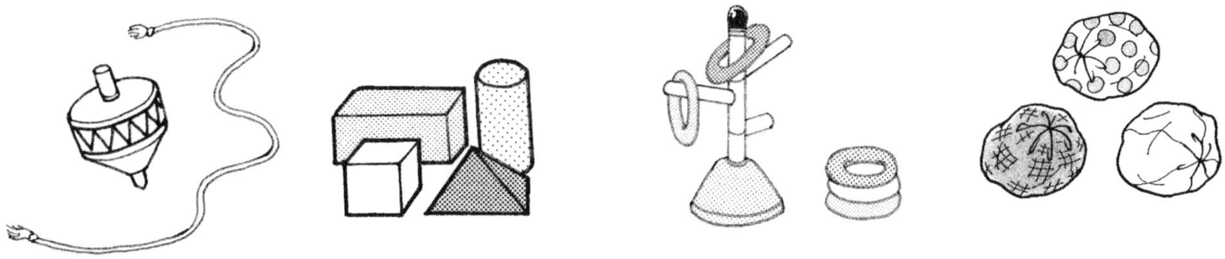

⑥

問題10

①②

③

④

⑤

⑥

問題11

①

②

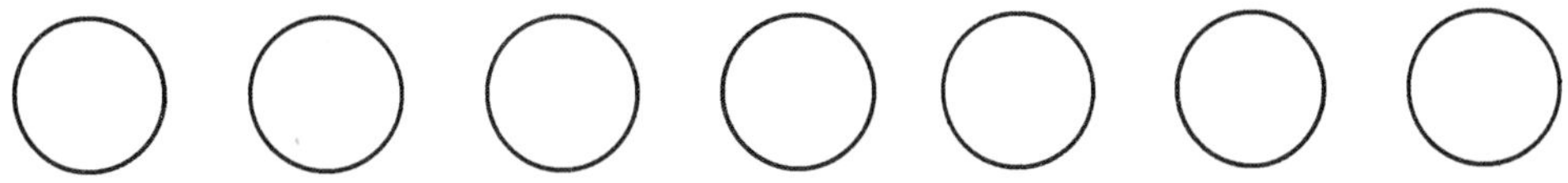

③

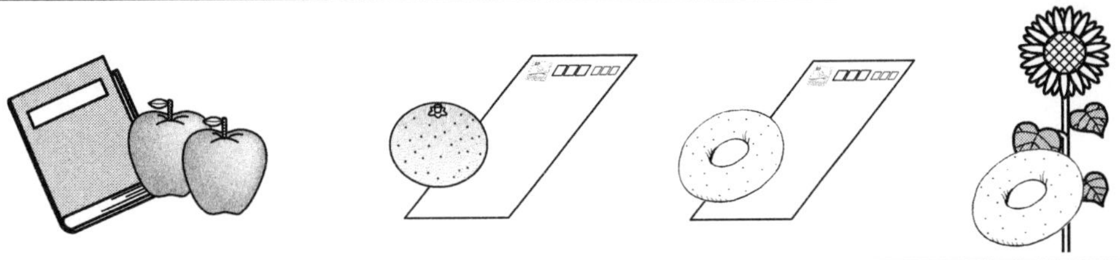

④

⑤

⑥

⑦

⑧

問題１２

①

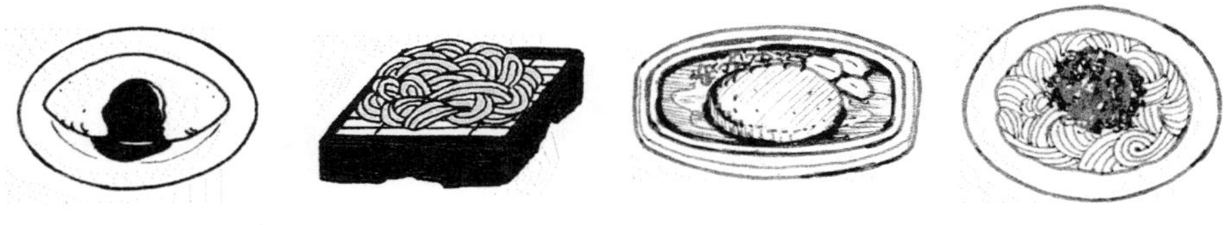

②

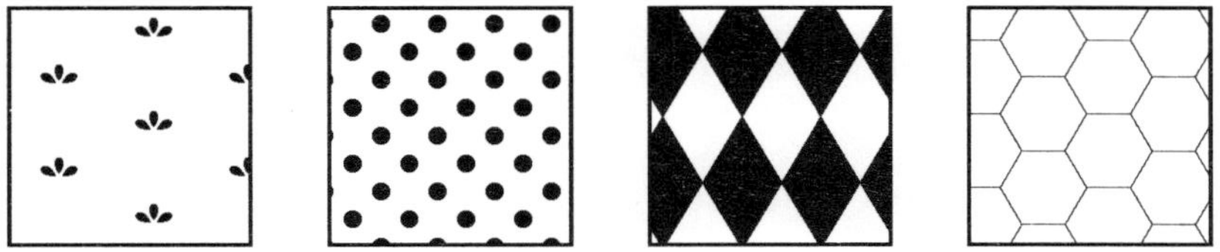

③

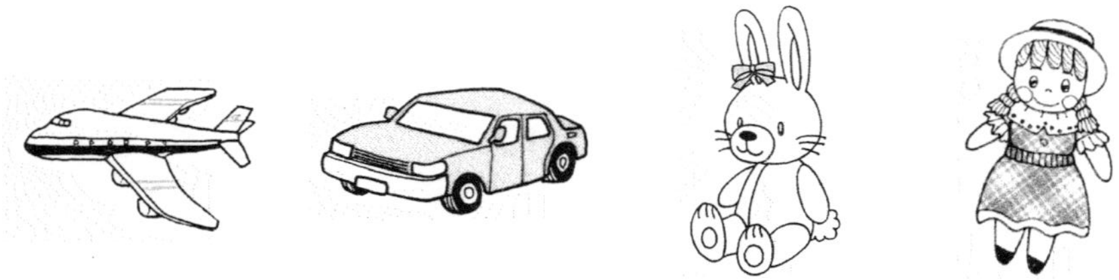

④

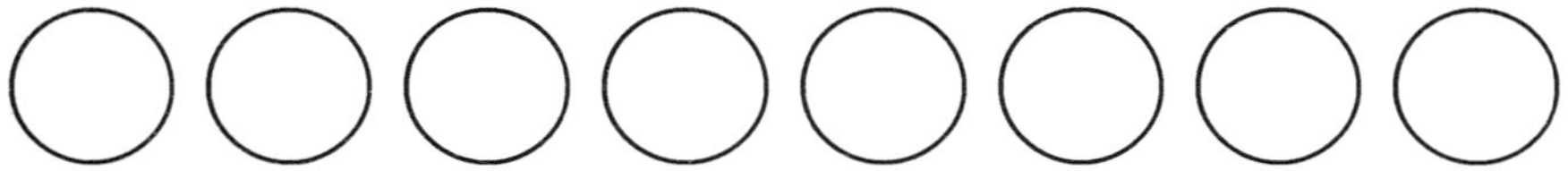

⑤

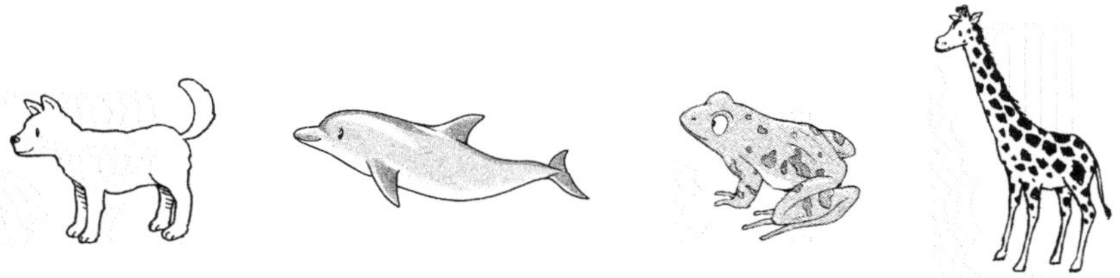

⑥

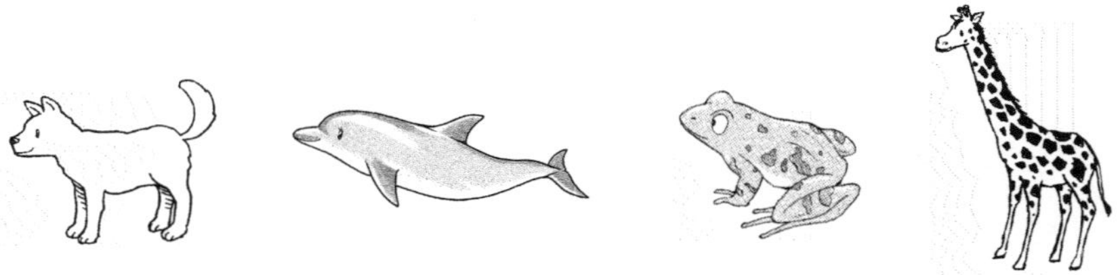

⑦

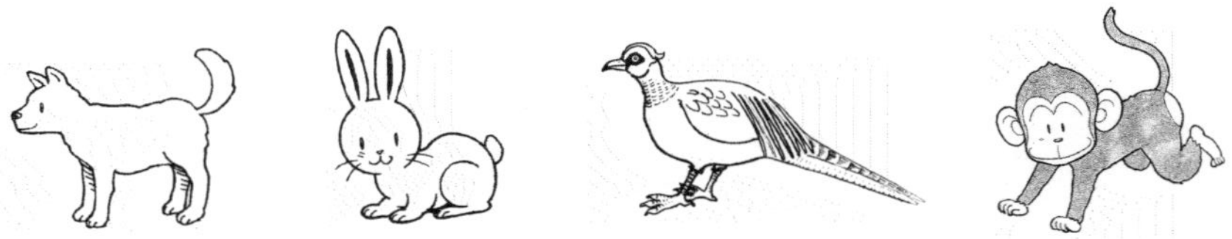

⑧

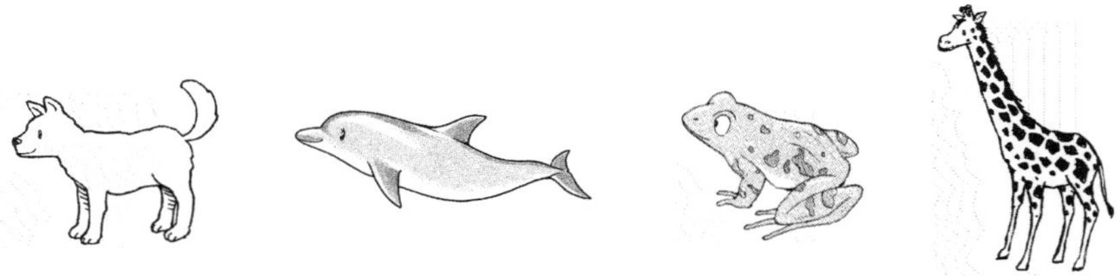

⑨

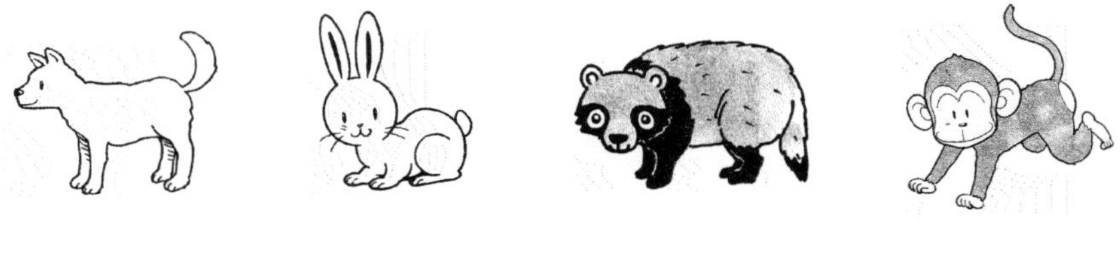

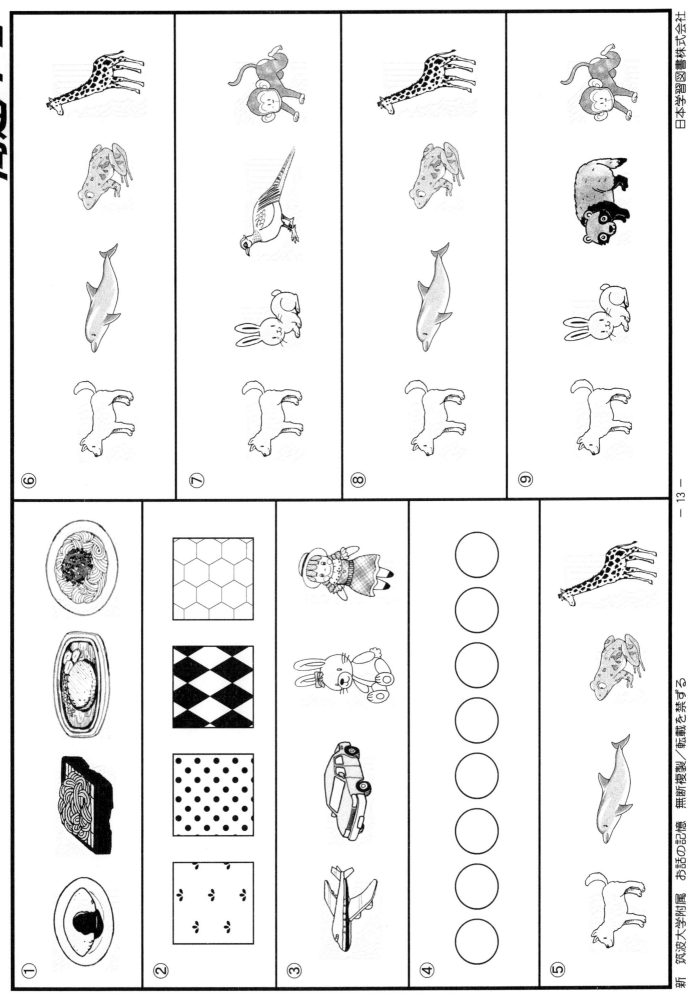

問題13

①

②

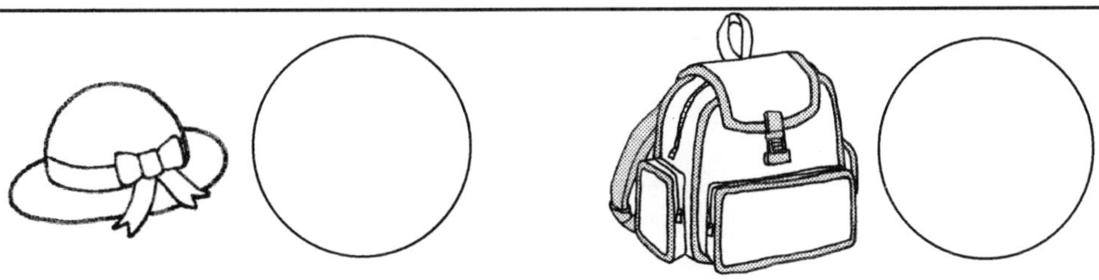

③

④

⑤

⑥

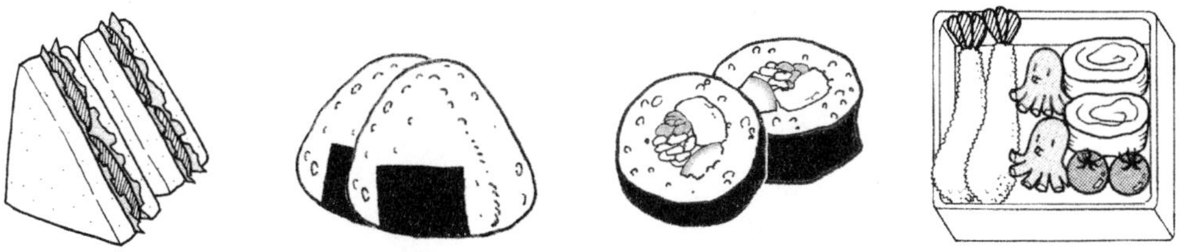

⑦

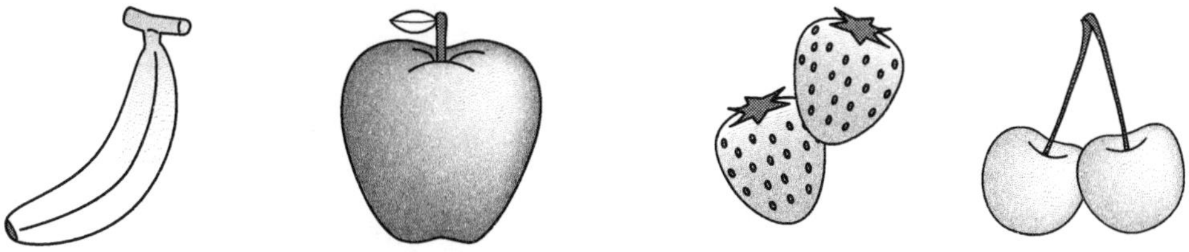

⑧

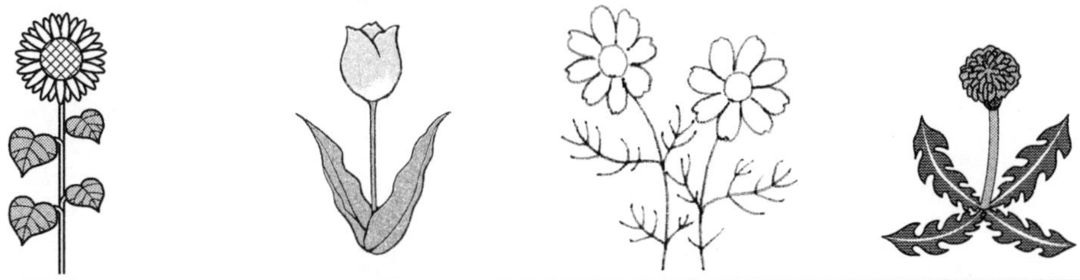

問題１４－１

①

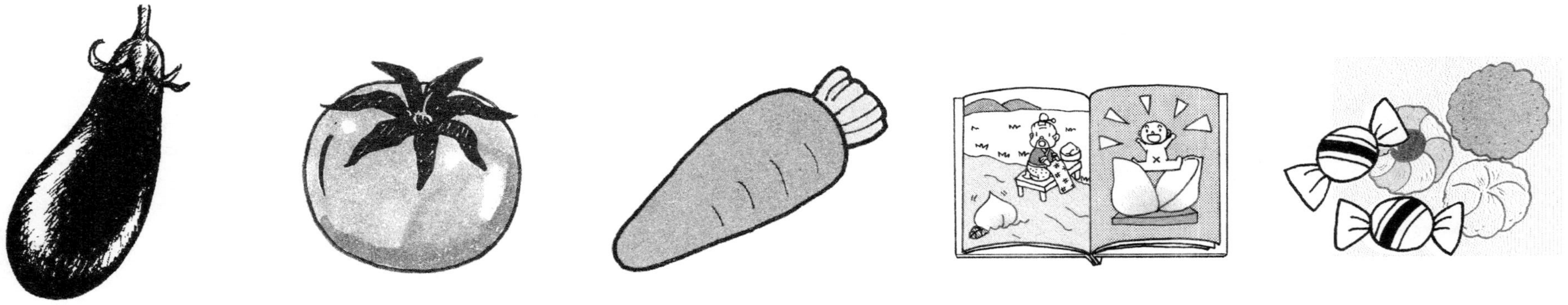

②

③

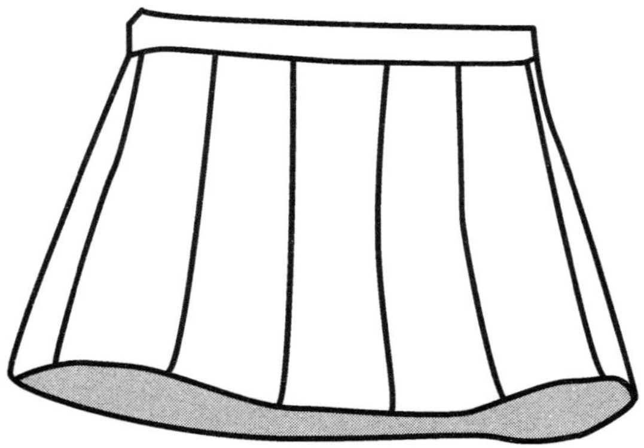

　

日本学習図書株式会社

問題１４－２

④

⑤

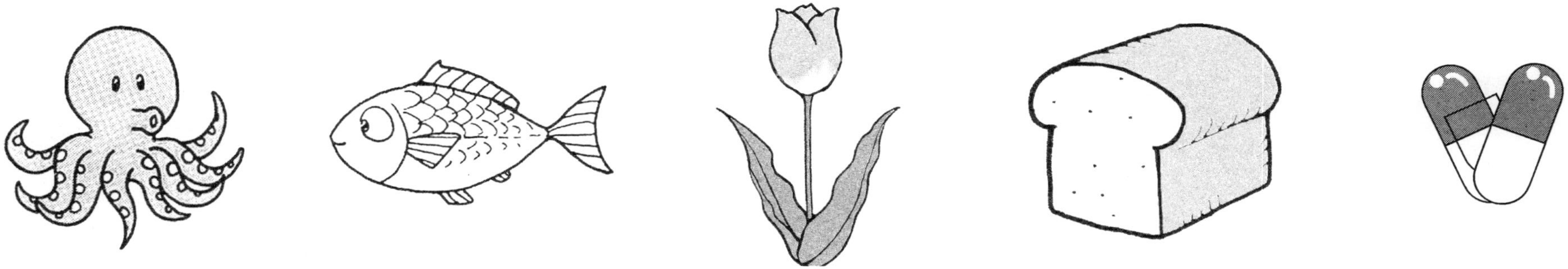

⑥

日本学習図書株式会社

問題15

①

②

③

④

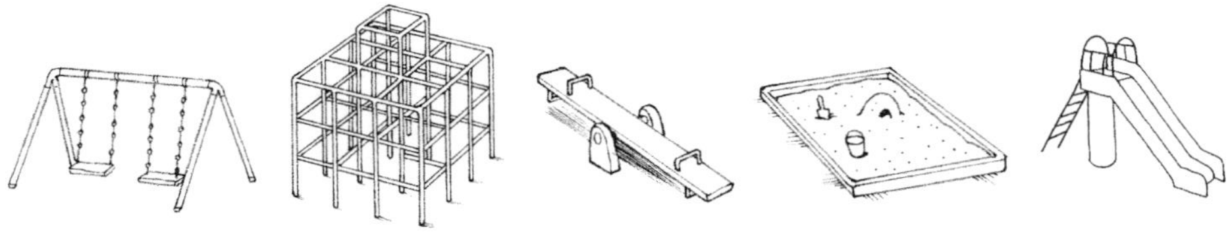

⑤

⑥

⑦

⑧

問題16

①

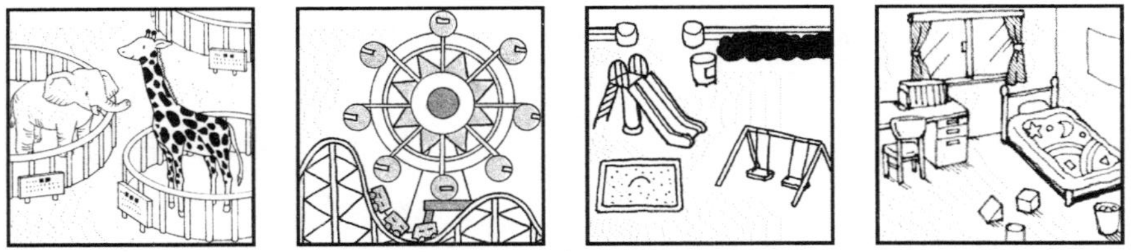

②

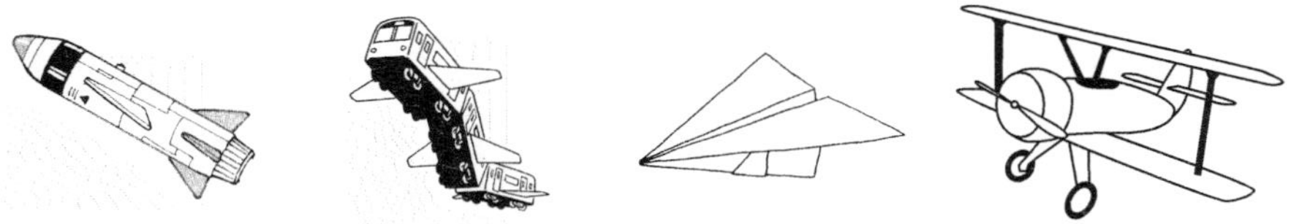

③

④

⑤

⑥

⑦

⑧

⑨

⑩

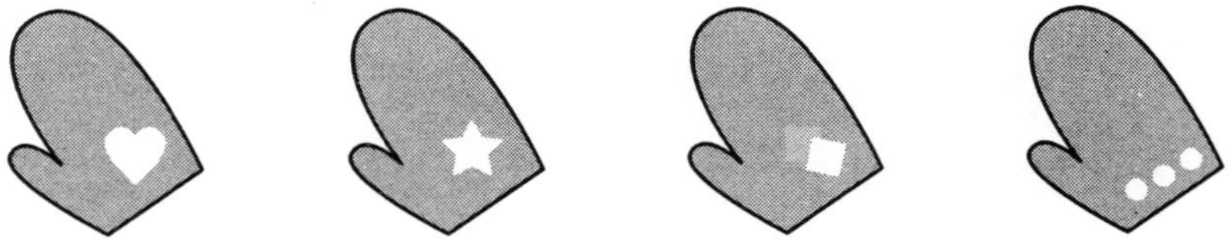

問題17－1

①

②

③

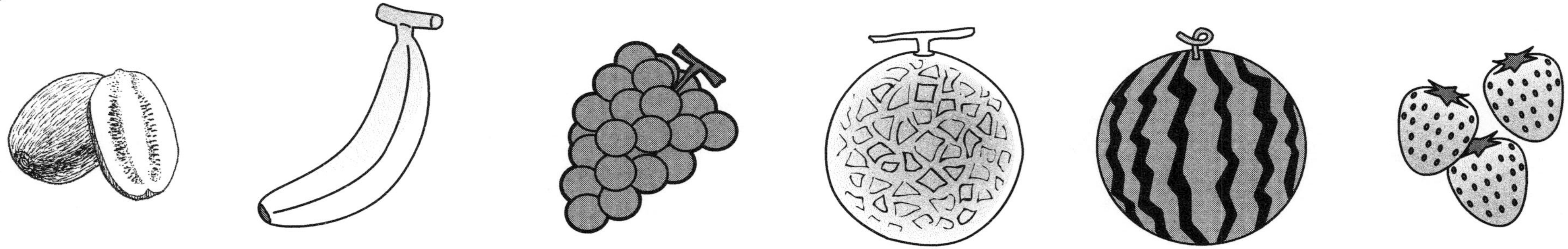

問題１７－２

④

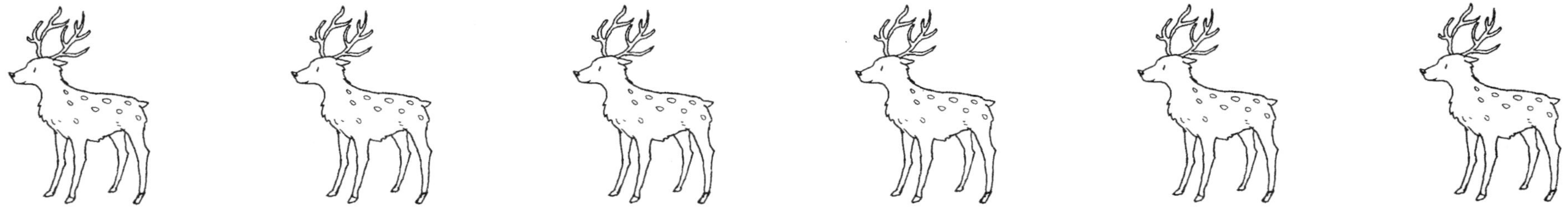

⑤

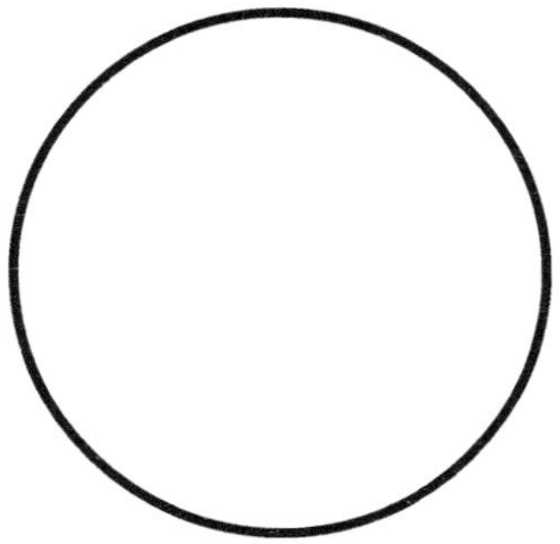

⑥

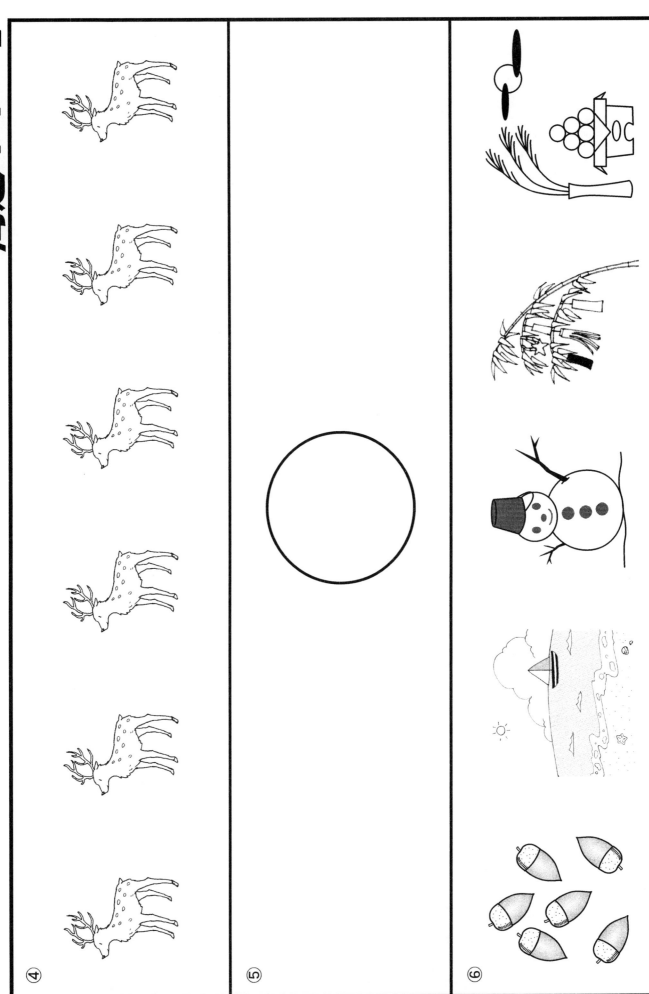

問題18

①

②

③

④

⑤

⑥

⑦

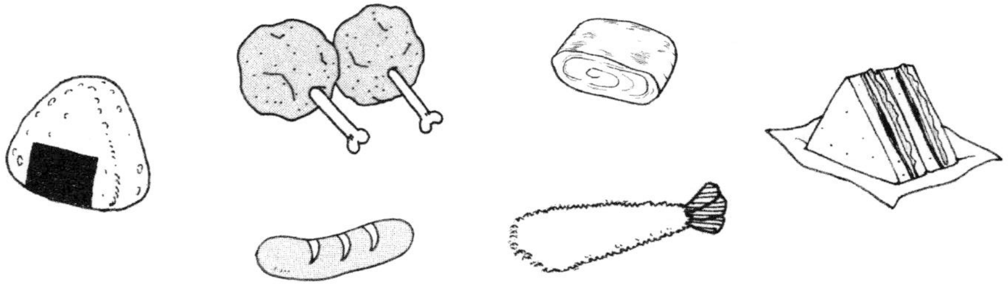

⑧

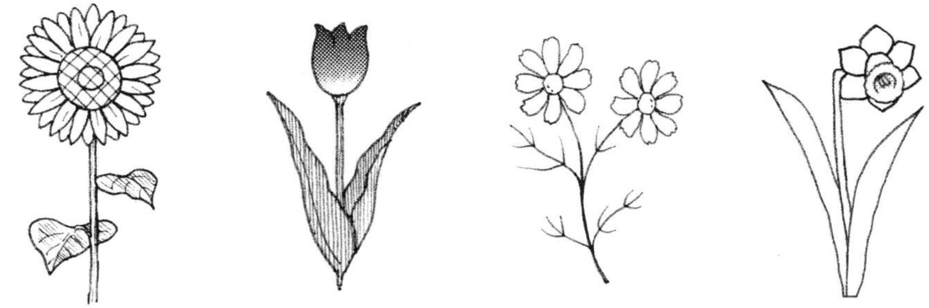

問題１９－１

①

②

③

問題１９－２

④

⑤

⑥

日本学習図書株式会社

問題２０

①

②

③

④

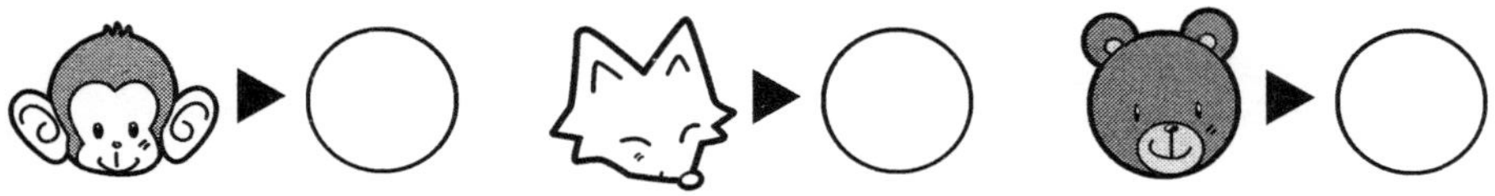

⑤

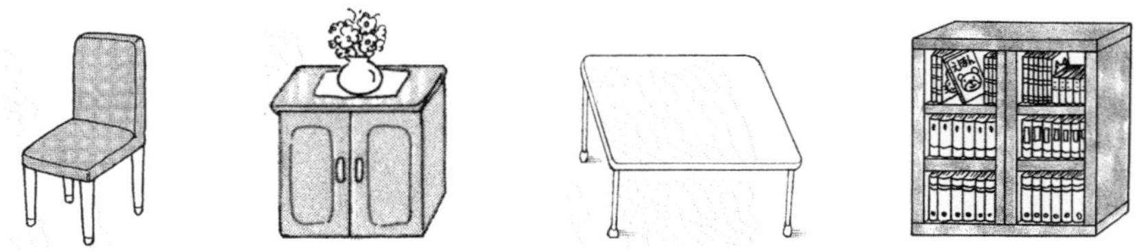

⑥

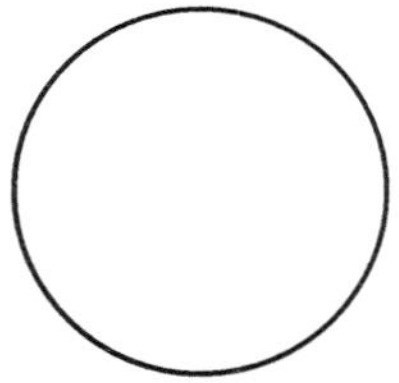

⑦

⑧

ニチガク書籍注文書

年　　月　　日

（フリガナ）

氏　名

電　話

ＦＡＸ

E-mail

住　所　〒　　　－

以前にご注文されたことはございますか。

有　・　無

書　名	本体	注文
サクセスウォッチャーズ（国・私併用）		
SW図形　基礎必修編	2200	
SW図形　実力アップ編	2200	
SW理科　基礎必修編	2200	
SW理科　実力アップ編	2200	
SW言語　基礎必修編	2200	
SW言語　実力アップ編	2200	
SW数量　基礎必修編	2200	
SW数量　実力アップ編	2200	
SW指示行動　基礎必修編	2200	
SW指示行動　実力アップ編	2200	
SW推理　基礎必修編	2200	
SW推理　実力アップ編	2200	
SW記憶　基礎必修編	2200	
SW記憶　実力アップ編	2200	
SW常識　基礎必修編	2200	
SW常識　実力アップ編	2200	
SW複合　基礎必修編	2200	
SW複合　実力アップ編	2200	
Newウォッチャーズ		
国立小学校　言語編1	2000	
国立小学校　言語編2	2000	
国立小学校　理科編1	2000	
国立小学校　理科編2	2000	
国立小学校　図形編1	2000	
国立小学校　図形編2	2000	
国立小学校　数量編1	2000	
国立小学校　数量編2	2000	
国立小学校　記憶編1	2000	
国立小学校　記憶編2	2000	
国立小学校　図形編1	2000	
国立小学校　図形編2	2000	
私立小学校　言語編1	2000	
私立小学校　言語編1	2000	
私立小学校　理科編1	2000	
私立小学校　理科編2	2000	
私立小学校　図形編1	2000	
私立小学校　図形編2	2000	
私立小学校　数量編1	2000	
私立小学校　数量編2	2000	
私立小学校　記憶編1	2000	
私立小学校　記憶編2	2000	
私立小学校　図形編1	2000	
私立小学校　図形編2	2000	
国立総集編		
国立小学校総集編A	3282	
国立小学校総集編B	3282	
国立小学校総集編C	3282	
国立小学校直前集中講座	3000	

書　名	本体	注文
ジュニアウォッチャー（国・私併用）		
Jr.ウォッチャー　点・線図形　1	1500	
Jr.ウォッチャー　座標　2	1500	
Jr.ウォッチャー　パズル　3	1500	
Jr.ウォッチャー　同図形探し　4	1500	
Jr.ウォッチャー　回転・展開　5	1500	
Jr.ウォッチャー　系列　6	1500	
Jr.ウォッチャー　迷路　7	1500	
Jr.ウォッチャー　対称　8	1500	
Jr.ウォッチャー　合成　9	1500	
Jr.ウォッチャー　四方の観察　10	1500	
Jr.ウォッチャー　色々な仲間　11	1500	
Jr.ウォッチャー　日常生活　12	1500	
Jr.ウォッチャー　時間の流れ　13	1500	
Jr.ウォッチャー　数える　14	1500	
Jr.ウォッチャー　比較　15	1500	
Jr.ウォッチャー　積み木　16	1500	
Jr.ウォッチャー　言葉音遊び　17	1500	
Jr.ウォッチャー　色々な言葉　18	1500	
Jr.ウォッチャー　お話の記憶　19	1500	
Jr.ウォッチャー　見る聴く記憶　20	1500	
Jr.ウォッチャー　お話作り　21	1500	
Jr.ウォッチャー　想像画　22	1500	
Jr.ウォッチャー　切・貼・塗　23	1500	
Jr.ウォッチャー　絵画　24	1500	
Jr.ウォッチャー　生活巧緻性　25	1500	
Jr.ウォッチャー　文字・数字　26	1500	
Jr.ウォッチャー　理科　27	1500	
Jr.ウォッチャー　運動　28	1500	
Jr.ウォッチャー　行動観察　29	1500	
Jr.ウォッチャー　生活習慣　30	1500	
Jr.ウォッチャー　推理思考　31	1500	
Jr.ウォッチャー　ブラックボックス　32	1500	
Jr.ウォッチャー　シーソー　33	1500	
Jr.ウォッチャー　季節　34	1500	
Jr.ウォッチャー　重ね図形　35	1500	
Jr.ウォッチャー　同数発見　36	1500	
Jr.ウォッチャー　選んで数える　37	1500	
Jr.ウォッチャー　たし算・ひき算1　38	1500	
Jr.ウォッチャー　たし算・ひき算2　39	1500	
Jr.ウォッチャー　数を分ける　40	1500	
Jr.ウォッチャー　数の構成　41	1500	
Jr.ウォッチャー　一対多の対応　42	1500	
Jr.ウォッチャー　数のやりとり　43	1500	
Jr.ウォッチャー　見えない数　44	1500	
Jr.ウォッチャー　図形分割　45	1500	
Jr.ウォッチャー　回転図形　46	1500	
Jr.ウォッチャー　座標の移動　47	1500	
Jr.ウォッチャー　鏡図形　48	1500	
Jr.ウォッチャー　しりとり　49	1500	
Jr.ウォッチャー　観覧車　50	1500	
Jr.ウォッチャー　運筆①　51	1500	

書　名	本体	注文
Jr.ウォッチャー　運筆②　52	1500	
Jr.ウォッチャー　四方観察-積み木　53	1500	
Jr.ウォッチャー　図形の構成　54	1500	
Jr.ウォッチャー　理科②　55	1500	
Jr.ウォッチャー　マナーとルール　56	1500	
Jr.ウォッチャー　置き換え　57	1500	
Jr.ウォッチャー　比較②　58	1500	
国立・私立小学校併用		
ゆびさきトレーニング①	2500	
ゆびさきトレーニング②	2500	
ゆびさきトレーニング③	2500	
新・口頭試問問題集	2500	
面接テスト問題集	2000	
お話の記憶　初級編	2600	
お話の記憶　中級編	2000	
お話の記憶　上級編	2000	
新・運動テスト問題集	2200	
新・ノンペーパーテスト問題集	2600	
厳選難問集　①	2600	
厳選難問集　②	2600	
おうちでチャレンジ①	1800	
おうちでチャレンジ②	1800	
読み聞かせお話集①	1800	
読み聞かせお話集②	1800	
読み聞かせお話集実践編①	1800	
小学校受験で知っておくべき125のこと	2600	
新 小学校入試面接Q＆A	2600	
新 幼稚園入園に関するQ＆A	2600	
幼稚園入園面接Q＆A	2600	
新 願書・アンケート 文例集500	2600	
願書の書き方から面接まで	2500	
筑波大附属小専用問題集		
筑波　図形攻略問題集	2500	
筑波　お話の記憶攻略問題集－基礎編－	2200	
筑波　新 お話の記憶攻略問題集	2500	
筑波　工作攻略問題集	2500	
筑波　集中特訓問題集	2500	
筑波　想定模擬テスト問題集	2500	
筑波大附属小 分野別強化問題集　図形トライ	2000	
筑波大附属小 分野別強化問題集　ラストスパート	2000	
分野別　苦手克服問題集		
苦手克服問題集　言語編	2000	
苦手克服問題集　常識編	2000	
苦手克服問題集　記憶編	2000	
苦手克服問題集　数量編	2000	
苦手克服問題集　図形編	2000	
苦手克服問題集　推理編	2000	

書　名	注文
私立小別問題集（本体各2,000円）	
成蹊過去	
成蹊ステップ	
暁星過去	
暁星ステップ	
慶應幼稚舎 過・対	
早稲田実業過去	
早稲田実業ステップ	
立教過去	
学習院過去	
青山・目黒星美過去	
雙葉過去	
白百合学園過去	
東京女学館過去	
聖心女子過去	
淑徳・宝仙過去	
東洋英和過去	
東京都市大過去	
桐朋学園・桐朋小過去	
国立学園過去	
慶應横浜過去	
浦和ルーテル過・対	
横国鎌倉過去	
洗足学園過去	
日出学園過去	
西武文理・星野学園過去	
国立小別問題集（本体各2,000円）	
筑波過去	
筑波ステップ	
お茶の水女子過去	
学芸大附竹早過去・対策	
学芸大附世田谷過去	
学芸大附世田谷ステップ	
学芸大附大泉過去	
学芸大附大泉ステップ	
学芸大附小金井過去	
学芸大附小金井ステップ	
横浜国立大学附属横浜過去	
埼玉過去	
埼玉ステップ	
千葉過去・対策	
国立小・私立小てびき（年度版）	
首都圏国・私立小進学のてびき	2500
首都圏幼稚園入園のてびき	2500
近畿圏・名古屋 小学校進学のてびき	2900
首都圏国立小入試ハンドブック	2000
合　計	

★筑波大学附属小学校専用問題集は書店では販売しておりません。電話・ＦＡＸ・ホームページでご注文下さい。★

（網掛け）は筑波大学附属小学校で、特に出題傾向の高い問題です。

★お近くの書店、又は記載の電話・FAX・ホームページにてご注文をお受けしております。電話：03-5261-8951　FAX：03-5261-8953
代金は書籍合計金額＋送料がかかります。※尚、落丁・乱丁以外の理由による商品の返品・交換には応じかねます。

★ご記入頂いた個人に関する情報は、当社にて厳重に管理致します。尚、ご購入の商品発送の他に、当社発行の書籍案内、書籍に関する調査に使用させて頂く場合がございますので、予めご了承下さい。

日本学習図書株式会社

ニチガクの
小学校受験用問題集

分野別・基礎・応用 問題集

ジュニア・ウォッチャー（既刊60巻）

1.点・線図形　2.座標　3.パズル　4.同図形探し
5.回転・展開　6.系列　7.迷路　8.対称　9.合成
10.四方からの観察　11.色々な仲間　12.日常生活
13.時間の流れ　14.数える　15.比較　16.積み木
17.言葉の音遊び　18.色々な言葉　19.お話の記憶
20.見る・聴く記憶　21.お話作り　22.想像画
23.切る・貼る・塗る　24.絵画　25.生活巧緻性
26.文字・数字　27.理科　28.運動観察　29.行動観察　30.生活習慣
31.推理思考　32.ブラックボックス　33.シーソー　34.季節
35.重ね図形　36.同数発見　37.選んで数える　38.たし算・ひき算1
39.たし算・ひき算2　40.数を分ける　41.数の構成
42.一対多の対応　43.数のやりとり　44.見えない数　45.図形分割
46.回転図形　47.座標の移動　48.鏡図形　49.しりとり
50.観覧車　51.運筆①　52.運筆②　53.四方からの観察-積み木編-
54.図形の構成　55.理科②　56.マナーとルール　57.置き換え
58.比較②　59.欠所補完　60.言葉の音（おん）　（以下続刊）

★出題頻度の高い９分野の問題を、さらに細分化した分野別の入試練習帳。基礎から簡単な応用までを克服！

NEWウォッチャーズ
国立小学校入試 セレクト問題集（全14巻）

図形編：①②　言語編：①②　数量編：①②
常識編：①②　理科編：①②　記憶編：①②　推理編：①②

★ロングセラー「国立小学校入試問題 ウォッチャーズ」シリーズがリニューアル。言語・数量・図形・理科・記憶・常識・推理の７分野ごとに学習を進められます。

お話の記憶問題集 －初級・中級・上級編－
お話の記憶問題集 －ベスト30－
お話の記憶問題集 －過去問題類似編－

★お話の記憶問題のさまざまな出題傾向を網羅した、実践的な問題集。

1話5分の 読み聞かせお話集①・②
1話7分の 読み聞かせお話集 入試実践編①

★入試に頻出のお話の記憶問題を、国内外の童話や昔話、偉人伝などから選んだお話と質問集。学習の導入に最適。（各48話）

新 口頭試問・個別テスト問題集

★国立・私立小学校で出題された個別口頭形式の類似問題に面接形式で答える個別テスト問題をプラス。35問掲載。

新 運動テスト問題集

★国立・私立小学校で出題された運動テストの類似問題35問掲載。

新 ノンペーパーテスト問題集

★国立・私立小学校で幅広く出題される、筆記用具を使用しない分野の問題を40問掲載。

ガイドブック

小学校受験で知っておくべき125のこと／新・小学校の入試面接Q＆A

★過去に寄せられた、電話や葉書による問い合わせを整理し、受験に関する様々な情報をＱ＆Ａ形式でまとめました。これから受験を考える保護者の方々必携の１冊です。

小学校受験のための願書の書き方から面接まで

★各学校の願書・調査書・アンケート類を掲載してあります。重要な項目については記入文例を掲載しました。また、実際に行なわれた面接の形態から質問内容まで詳細にわたってカバーしてあり、願書の記入方法や面接対策の必読書です。

新 小学校受験 願書・アンケート文例集500

★願書でお悩みの保護者に朗報！ 有名私立小学校や難関国立小学校の願書やアンケートに記入するための適切な文例を、質問の項目別に収録。合格をつかむためのヒントが満載！ 願書を書く前に、ぜひ一度お読みください！

小学校受験に関する保護者の悩みQ＆A

★受験を控えたお子さまを持つ保護者の方約1,000人に、学習・生活・躾などに関する悩みや問題を徹底取材。その中から厳選した、お悩み200例以上にお答えしました。「ふだんの生活」と「入試直前」のアドバイスの２本立てで、お悩みをスッキリ解決します。

筑波大学附属小学校
新 お話の記憶攻略問題集

発行日　2020年８月26日　第４版発行
発行所　〒162-0821　東京都新宿区津久戸町 3-11
TH1ビル飯田橋 9F　日本学習図書株式会社
電　話　03-5261-8951 ㈹

ISBN978-4-7761-5138-8
C6037 ¥2500E
定価（本体2,500円＋税）

9784776151388
1926037025009

http://www.nichigaku.jp